O PROCESSO DO TRABALHO E A EXECUÇÃO PROVISÓRIA, RUMO À EFETIVIDADE DO PROCESSO

KARLLA PATRÍCIA SOUZA

*Advogada. Mestre e Doutora em Direito das Relações Sociais pela PUC-SP.
Professora em cursos de Graduação e pós-Graduação.*

O PROCESSO DO TRABALHO E A EXECUÇÃO PROVISÓRIA, RUMO À EFETIVIDADE DO PROCESSO

Editora LTr
São Paulo

Dados Internacionais de Catalogação na Publicação (CIP)
(Câmara Brasileira do Livro, SP, Brasil)

Souza, Karlla Patrícia
   O processo do trabalho e a execução provisória, rumo à efetividade do processo / Karlla Patrícia Souza. — São Paulo : LTr, 2008.

   Bibliografia.
   ISBN 978-85-361-1183-4

   1. Direito processual do trabalho — Brasil 2. Execução (Direito trabalhista) — Brasil 3. Execução provisória — Brasil 4. Processo civil — Legislação — Brasil I. Título.

08-04487   CDU-347.952:331(81)

Índice para catálogo sistemático:

1. Brasil: Execução provisória : Processo civil : Direito do trabalho   347.952:331(81)

Produção Gráfica e Editoração Eletrônica: **Peter Fritz Strotbek**
Capa: **Fabio Giglio**
Impressão: **Cometa Gráfica e Editora**

© Todos os direitos reservados

EDITORA LTDA.

Rua Apa, 165 – CEP 01201-904 – Fone (11) 3826-2788 – Fax (11) 3826-9180
São Paulo, SP – Brasil – www.ltr.com.br

LTr 3662.9   Julho, 2008

Deus realiza maravilhas em minha vida...

Meus pais, Guaracy e Maildes *e meu irmão* Tony Vítor: *sem esse amor eu nada seria.*

"*... Amor que não se pede, amor que não se mede, que não se repete, amor.*"

Agradecimentos

Em julho de 2005 ganhei um livro: Execução de sentença no processo do trabalho. Em sua dedicatória, o autor oferece a obra aos alunos, "na certeza de que faço o meu melhor, como se meus filhos fossem". O nome dele é Pedro Paulo Teixeira Manus. Meu professor e orientador no doutorado. De fato, ele faz o melhor por seus alunos. Obrigada!

Agradeço aos professores da PUC-SP, Doutores Carla Teresa Martins Romar, Paulo Sérgio João e Renato Rua de Almeida pela transmissão de conhecimentos e, sobretudo, pelo entusiasmo com que ensinam a refletir temas relevantes em Direito do Trabalho.

Ao meu orientador no mestrado e presença marcante na banca de doutorado, Dr. Amauri Mascaro Nascimento, minha sincera gratidão por me ensinar a mais valiosa lição acadêmica: "sábio é o simples e não o vaidoso".

A toda equipe do escritório Guaracy Carlos Souza, na pessoa do competente Dr. Almir Nicolau Perius, advogado por vocação e parte integrante da nossa família, por ser presença fiel e por minimizar os efeitos que a minha ausência por força dos estudos em São Paulo, causou.

A todos os meus familiares, amigos de fé, colegas de profissão e colegas de sala que em 2007 compartilharam comigo as alegrias e os desafios de gerar uma tese. Meu carinho e gratidão.

SUMÁRIO

Prefácio – Pedro Paulo Teixeira Manus 11

Introdução 13

Capítulo I – Considerações históricas 17
1. Justificativa da pesquisa histórica 17
2. Breve relato sobre as origens e a evolução da execução 17
3. Justiça do Trabalho no Brasil. Nascimento e evolução no que tange à execução de suas próprias sentenças 22
4. A Consolidação das Leis do Trabalho e a sistematização da execução 25

Capítulo II – Conceitos fundamentais 28
1. A autonomia do processo do trabalho e a missão da tutela jurisdicional executiva. A instrumentalidade como método para atingir o resultado 28
2. O direito material do trabalho como fator determinante da instrumentalidade em fase executiva 36

Capítulo III – As fontes subsidiárias e a execução trabalhista 42
1. As fontes subsidiárias e a incompletude do ordenamento jurídico trabalhista ... 42
2. Alcance da expressão "processo comum" 50
3. Lei de Executivos Fiscais 53
4. O tempo da execução trabalhista e o direito à razoável duração processual e aos meios que garantam a celeridade e sua relação com a execução provisória 55

Capítulo IV – A execução provisória e o processo do trabalho 67
1. A eficácia das decisões trabalhistas e sua relação com a execução provisória .. 67
2. A regra do efeito devolutivo no processo do trabalho e o ambiente favorável à execução provisória 72
3. A importância da execução provisória para a efetividade do processo trabalhista ... 74
4. Origem, conceito e natureza jurídica da execução provisória 79
5. A execução provisória antes da Lei n. 11.232/2005 e o processo trabalhista ... 85
6. A execução provisória depois da Lei n. 11.232/2005 e o processo trabalhista ... 91
   - 6.1. O processamento da execução provisória (§ 3º do art. 475-O) 105
   - 6.2. As obrigações de fazer e não fazer e a execução provisória 106
   - 6.3. A execução provisória e a Fazenda Pública 109
   - 6.4. A proposta de revisão da Súmula n. 417 do TST e do art. 899 da CLT ... 110

Capítulo V – A execução provisória e o direito internacional 116
1. Considerações sobre a pesquisa no direito internacional 116
2. Uruguai 117
3. Argentina 118
4. Alemanha 119
5. França 120
6. Espanha 120
7. Itália 121
8. Portugal 122

Conclusões 125

Referências bibliográficas 131

PREFÁCIO

A finalidade do processo há de ser aquela de levar o conflito ao juiz, a fim de que seja a controvérsia arbitrada judicialmente. Toda vez que o juiz logra conhecer o conflito e decidi-lo cumpre a finalidade do processo e seu próprio mister.

Não obstante, o ordenamento processual traz a previsão de hipóteses em que, por variados motivos, o processo não possibilita o conhecimento da controvérsia, casos em que ocorre a denominada extinção do feito sem apreciação do mérito. Aqui se resolve o processo, mas não se resolve o conflito.

Trata-se de hipóteses que são necessárias para possibilitar a extinção do processo, abrindo caminho a outros, embora não seja prestada a jurisdição, mas por motivos intransponíveis, como ausência de requisito essencial ao processo, repetição de ação já proposta ou decidida, entre outros.

Como dito, contudo, a vocação do processo é levar o litígio ao juiz e possibilitar seu adequado arbitramento, com o conseqüente cumprimento da sentença. Isso porque na hipótese de ser acolhida a pretensão do autor a sentença na fase de conhecimento reconhece seu direito, seguindo-se a fase de execução da decisão.

Nesta fase temos sérios problemas de morosidade e percalços do processo, fazendo com que a prestação efetiva demore muito e, às vezes, não seja sequer obtida, como conseqüência indesejada da demora na solução do conflito.

Esta preocupação com a celeridade processual e a solução eficiente do processo é que motivou a Professora Doutora *Karlla Patricia Souza* a escrever o livro *O Processo do Trabalho e a Execução Provisória de Acordo com a Lei n. 11.232/2005 Rumo à Efetividade do Processo*, cujo conteúdo diz respeito exatamente à fase de execução de sentença no processo do trabalho.

A autora preocupa-se com a execução provisória que é o conjunto de atos que dá início ao cumprimento da sentença, mas quando ainda pende o julgamento de recurso.

E sua preocupação é bastante relevante, pois faz-se necessário o estímulo à execução provisória por constituir fator de aceleração na solução do conflito, evitando-se a espera do trânsito em julgado da decisão para só aí iniciar o cumprimento da sentença.

Após a introdução do tema, o Capítulo I cuida da origem e da evolução histórica da execução, analisando o tema no direito brasileiro.

O Capítulo II analisa a autonomia do processo do trabalho e se ocupa especificamente da instrumentalidade do processo, mormente na fase da execução, momento processual em que esta missão do processo se torna ainda mais relevante, pois configura a materialização da obrigação reconhecida pela sentença e, em conseqüência, torna-se propícia à resistência por parte do devedor.

Prossegue a obra ocupando-se no Capítulo III das fontes subsidiárias da execução no processo do trabalho, especificamente a lei dos executivos fiscais e o real significado da expressão "processo comum", bem como analisando a garantia constitucional do direito à duração razoável do processo.

O Capítulo IV examina o tema em seu desenvolvimento, sob a ótica do processo do trabalho e a aplicação da Lei n. 11.232/2005, que alterou o Código de Processo Civil, trazendo sérias e importantes modificações à execução, inclusive com modificações conceituais. Trata-se de questão de grande interesse, que tem provocado variadas polêmicas e que realça a necessidade do olhar mais atento ao tema.

Caminhando para as conclusões o Capítulo V enfoca a matéria sob a ótica do direito estrangeiro, trazendo a Autora importantes e oportunas notícias tanto do direito de países vizinhos, como a Argentina e o Uruguai, quanto de países europeus, como Alemanha, França, Espanha, Itália e Portugal, o que auxilia o leitor a ter uma visão panorâmica e mais rica da questão estudada

Como se vê trata-se de um livro extremamente atual e de grande importância para a comunidade jurídica, tanto pela escolha do tema e por seu conteúdo, quanto pela competência de sua Autora e por sua segurança no trato das questões, o que decorre de sua sólida formação acadêmica aliada à experiência da advocacia trabalhista.

Conheci a Professora Doutora *Karlla Patricia Souza* no início de sua caminhada acadêmica no Programa de Pós-Graduação em Direito da Pontifícia Universidade Católica de São Paulo, tendo tido a grata oportunidade e satisfação de ser seu professor de Processo do Trabalho.

Desde sempre mostrou-se uma aluna interessada, participante e afável no trato com todos, irradiando alegria e carinho no convívio acadêmico. Contudo nunca deixou que suas qualidades pessoais ofuscassem sua combatividade, logrando defender com seriedade e competência as posições que assumia nos debates e seminários de que participou.

Bacharel em Direito pela Universidade Federal do Mato Grosso, cursou especialização na PUC de São Paulo em Direito do Trabalho e obteve o título de Mestre em Direito do Trabalho, igualmente pela PUC de São Paulo, sob a orientação do Professor Doutor *Amauri Mascaro Nascimento*.

Com esta qualificação acadêmica deu continuidade a sua atividade de professora universitária, tendo participado de comissões examinadoras e simpósios jurídicos, além dos artigos jurídicos que já produziu.

Tive a honra e a satisfação de ser seu orientador na tese de doutoramento na PUC de São Paulo, presidindo a Banca Examinadora que aprovou a candidata com todos os méritos, outorgando-lhe o título de Doutora em Direito, na defesa da tese que ora transforma-se no neste livro pela sua importância e qualidade.

A Professora *Karlla* revela grande interesse, capacidade e dedicação às atividades acadêmicas, complementando sua visão com a experiência profissional como Advogada, tendo ainda a virtude de aliar à juventude e à leveza no trato das variadas questões a experiência profissional e vivência teórica, o que lhe permite transmitir aos alunos seus sólidos conhecimentos para a completa formação acadêmica.

A LTr Editora e a Professora Doutora *Karlla Patrícia Souza* estão de parabéns pela iniciativa de trazer a público esta obra jurídica de grande valia e interesse para todos nós.

Professor Doutor Pedro Paulo Teixeira Manus
Ministro do Tribunal Superior do Trabalho
Professor Titular de Direito do Trabalho da PUC-SP

INTRODUÇÃO

O advogado que milita na Justiça do Trabalho e faz desse ramo sua especialidade e seu sacerdócio deve reconhecer a importância do processo do trabalho como instrumento de realização dos direitos sociais e, conseqüentemente, da Justiça Social.

A cada novo dia de trabalho incessante é lançado o desafio de conviver com as profundas diferenças estruturais de duas fases de um só processo: a fase de conhecimento, dinâmica, célere e que corresponde aos anseios constitucionais, e a fase de execução, que, embora concebida sob a égide do mesmo espírito protetor e sustentada por normas que prezam pela celeridade, não satisfaz os ditames de um processo com duração razoável.

É desafiador pensar que podemos e devemos contribuir para que o processo do trabalho, em especial no que tange a sua fase de execução, caminhe rumo à efetividade e corresponda àquilo que se espera dele, na exata medida de sua instrumentalidade. Pensar na execução trabalhista é, comumente, pensar em um processo que angustia, que decepciona, por, muitas vezes, ser utilizado como instrumento de manobras perversas e protelatórias que em nada se assemelha ao que se ensina e se aprende nos bancos universitários.

Com o firme propósito de fazer o que nos cabe, na certeza de que ainda é pouco, o primeiro passo dessa empreitada se confunde com o desejo de auxiliar mediante a apresentação de novos caminhos, sob as luzes da visão moderna do processo. E tanto há para ser acrescentado e manuseado no plano das idéias, porque há tanto para ser mudado no plano material, que se faz necessário delimitar o tema que, inserido no contexto da execução no processo do trabalho, possa ser oferecido como instrumento de justiça.

As últimas reformas legislativas pelas quais vem passando o processo civil trazem reflexos ao processo do trabalho, que, infelizmente, não se movimenta na mesma velocidade das relações materiais que visa a tutelar. Dentre várias, optamos por uma lei, e, dentre as alterações introduzidas no seio dessa lei, uma chamou a atenção e despertou o interesse maior — a execução provisória (art. 475-O do CPC), de acordo com a Lei n. 11.232/2005.

A questão inicial e célula-matriz de nossa inquietação teve vários desdobramentos. De que modo a execução provisória e seu atual regramento podem contribuir para a execução trabalhista? Em que medida as alterações pensadas a princípio considerando o processo civil podem contribuir para o processo do trabalho? A ordem processual trabalhista está preparada para recepcionar a prática da execução provisória de modo que atenda ao comando constitucional de um processo que tenha duração razoável? A execução provisória pode ser considerada um meio célere, apto a garantir um desfecho satisfatório à execução trabalhista?

Para responder a tais perguntas, sentimos que a seta inicial nos leva a percorrer o caminho histórico do instituto da execução, da Justiça do Trabalho no Brasil e a vislumbrar o momento histórico em que este órgão passou a executar suas próprias sentenças com verdadeira autonomia, como meio válido a oferecer respostas a questões atuais.

Inauguramos a presente pesquisa com capítulos preparatórios para ilustrar o contexto da execução no núcleo do processo do trabalho e investigar como esse ramo convive com a abertura do sistema às leis estranhas. Dedicamos um espaço à abordagem das principais normas subsidiárias aplicáveis ao processo do trabalho e à maneira pela qual o princípio constitucional da duração razoável do processo pode contribuir na tarefa da escolha da norma a ser aplicada ao caso concreto em matéria de execução.

Considerando que o caminho só se faz caminhando, antes de chegar à análise da execução provisória, a escolha do método pelo qual se faria o percurso, tal como um veículo que pudesse levar-nos ao ponto de chegada, foi essencial para a realização do trajeto. As lentes da instrumentalidade fornecem a visão crítica da situação e a coerência reclamada pelo projeto de reforma que ao final se propõe.

A utilidade da abordagem de temas preparatórios e correlatos à execução provisória, sustentados por sólidas teorias já construídas, revela-se no enfoque que posteriormente é dado aos avanços da Lei n. 11.232/2005.

Nessa mira, ressaltar a eficácia das decisões trabalhistas desemboca na elevação da execução provisória como instrumento a dar efetividade ao processo do trabalho. Acreditamos que tal enfoque seja fundamental para que tenhamos atingido a finalidade deste estudo.

Mais uma vez, fez-se prudente o retorno às raízes históricas, dessa feita com visão específica sobre a execução provisória e sua evolução no ordenamento jurídico brasileiro. A experiência de outros países, em especial os que prezam pela pronta executividade das decisões, auxilia na compreensão de que a execução provisória é uma realidade necessária e praticada nos sistemas jurídicos mais avançados que lutam, como o nosso, pela efetividade do processo.

Revestidos da certeza de que é possível melhorar a execução trabalhista e conseqüentemente edificar o processo do trabalho em face da ideologia, dos fundamentos e dos propósitos que integram o regramento da execução provisória, o último passo foi oferecer nossas respostas aos questionamentos iniciais.

É chegado o momento de abertura no sistema trabalhista aos ventos de modernidade que vêm do processo civil. Mas a penetração de novas idéias, aliada aos valores sociais preservados pela norma trabalhista, exige dos intérpretes e dos operadores como um todo uma releitura de métodos de interpretação dos diplomas aplicados subsidiariamente.

Para que se encontre na técnica da execução provisória a adequação benéfica do instrumento processual à realização do direito material tutelado, o processo do trabalho depende da ação de seus intérpretes e operadores para que façam uso da poderosa chave de leitura oferecida pela Constituição Federal, de modo que satisfaça os *escopos jurídicos, políticos e sociais do processo*.

E, assim, conscientes de que depende de nós, das nossas iniciativas de propor mudanças e lutar para que elas se concretizem, sejam legislativas ou jurisprudenciais, esperamos oferecer uma contribuição para o processo do trabalho por meio da execução provisória. Finalmente, com tais propostas, espera-se satisfazer milhares de exeqüentes que aguardam ansiosamente por receber aquilo que a Justiça lhes concedeu de forma célere por um instrumento idôneo e de duração razoável.

CAPÍTULO I

CONSIDERAÇÕES HISTÓRICAS

1. Justificativa da pesquisa histórica

Considerando que o objetivo principal do presente trabalho é lançar novas luzes sobre a execução provisória de sentença trabalhista em face das alterações promovidas no processo comum pela Lei n. 11.232/2005, a síntese histórica do instituto da execução, bem como da criação da Justiça especializada, far-se-á de modo objetivo e sintético, apenas para realçar as bases em que foram alicerçadas e para apontar de que modo podemos contribuir para a evolução do sistema processual trabalhista.

O passado presta-nos valioso serviço, na medida em que, no presente, aprendemos que o problema de hoje pode melhor ser compreendido de acordo com as reflexões sobre os erros e acertos cometidos. Dessa forma, faz-se necessário, embora com certa brevidade, retornar às raízes da execução e às origens da Justiça do Trabalho no Brasil e descobrir em que momento histórico a sentença trabalhista passou a ser executada por órgão jurisdicional próprio e especializado[1].

2. Breve relato sobre as origens e a evolução da execução

O passeio histórico pelas origens da execução força-nos a concluir que a solução no passado não se encontra, mas certamente, com tais reflexões, estaremos mais bem aparelhados para apreciar o problema na atualidade.

A começar pela origem latina da palavra "execução" — *executione* —, o estudo dos significados do verbete nos remete às noções de ato, efeito ou modo de executar;

---

1 Para um exame profundo das origens da Justiça do Trabalho no Brasil e da execução, sugerimos as obras de FERREIRA, Waldemar. *Princípios de legislação social e direito judiciário do trabalho*. São Paulo: São Paulo Editora, 1938; *Pareceres proferidos na Comissão de Constituição e Justiça da Câmara dos Deputados*. Rio de Janeiro, 1937; ALBUQUERQUE, Francisca Rita Alencar. *A Justiça do Trabalho na ordem judiciária brasileira*. São Paulo: LTr, 1993; DINAMARCO, Cândido Rangel. *Execução civil*. São Paulo: Malheiros, 2002; SILVA, Ovídio Araújo Baptista da. *Jurisdição e execução na tradição romano-canônica*. 2. ed. rev. São Paulo: Revista dos Tribunais, 1997.

realização e efetuação; desempenho; cumprimento; ato de obrigar judicialmente ao pagamento de uma dívida; arrestação e venda de bens para pagamento de dívida; embargo, seqüestro, penhora; cumprimento de ordem judicial e suplício de um condenado, entre outros[2].

Era como suplício de um condenado que se mostrava a execução na Antiguidade, quando a pessoa do devedor sofria pelo não-pagamento da dívida. Em dado momento histórico, em que inexistia o sentido de dignidade e respeito aos valores inerentes ao ser humano, a execução tinha caráter pessoal, e aquele que não honrava com suas dívidas pagava com a própria vida ou com a de familiares.

Considerado um dos mais antigos textos legais, o Código de Hamurabi, da Babilônia, prescrevia em seu § 117 que, se uma dívida recaísse sobre um homem livre, este poderia vender esposa e filhos como escravos aptos a trabalhar por três anos para o pagamento; após tal período, era-lhes restituída a liberdade. No Código de Manu — *anava harma astra* —, da Índia do século XIII a.C., a falta de pagamento do débito era equiparada ao furto, o que autorizava o credor a usar de meios violentos contra o devedor, conforme sua classificação social. Aquele que era considerado de casta inferior poderia ser seqüestrado, acorrentado e ter esposa e filhos presos como escravos e condenados a trabalhar até o completo pagamento da dívida. Na Roma antiga, a Lei das XII Tábuas não se distanciava dessa ideologia, visto ser possível a prisão do devedor, que era acorrentado e ficava à disposição do credor. Além disso, na Terceira Tábua constava expressamente a permissão para o credor dividir o corpo do devedor em tantos pedaços quantos fossem os credores, não lhe cabendo cortar mais ou menos; caso desejassem, os credores poderiam vender o devedor a um estrangeiro, além do rio Tibre, porque nenhum romano poderia perder sua liberdade dentro dos limites da cidade[3].

Vale o esclarecimento, conforme lembra *Moacyr Amaral Santos*[4], de que no direito romano a execução *sempre e necessariamente* era precedida de sentença condenatória do devedor. No período das *legis actionis*, o prazo para o pagamento da dívida era de trinta dias após a prolação do julgado; quando não satisfeita, o credor estaria autorizado a dar início ao anteriormente descrito suplício do condenado.

Foram necessárias centenas de anos para a ruptura da concepção segundo a qual a dívida recaía sobre a pessoa do devedor. O direito romano, influenciado pelo Cristianismo, por meio da *Lex Poetelia*, no século V, rompeu com os meios violentos anteriormente disponíveis ao credor e humanizou a execução, passando o devedor a responder pela dívida com o conjunto de seus bens. Desse modo, o credor poderia apreender os bens do devedor, na presença de três testemunhas, mas não lhe era permitido vender tais bens. Por mais inapropriado que possa parecer, o credor

---

2 MICHAELIS: moderno dicionário da língua portuguesa. São Paulo: Companhia Melhoramentos, 1998. p. 919.
3 AZEVEDO, Álvaro Villaça. *Teoria geral das obrigações*. 5. ed. São Paulo: Revista dos Tribunais, 1994. p. 14-15.
4 SANTOS, Moacyr Amaral. *Primeiras linhas de direito processual civil*. São Paulo: Saraiva, 2003. v. 3. p. 214.

poderia destruir os bens, mas não vendê-los. Os atos praticados naquela época possuíam caráter extrajudicial, e, com o surgimento do processo extraordinário, surgiu também a execução sem a interferência do credor, com características da atividade jurisdicional. Afinal, a apreensão dos bens era realizada pelos *apparitores*, embrião dos oficiais de justiça[5].

A queda do Império Romano e a forte influência do processo germano-barbárico trouxeram sensíveis modificações ao processo de execução. Ao contrário do direito romano, que iniciava a execução após a sentença, o sistema germânico previa o uso da força direta do credor, independentemente de autorização, em face do devedor, penhorando-lhe os bens ou constrangendo-o ao pagamento. Foi com a retomada do direito romano, no século XI, que os dois sistemas foram mesclados de modo que surgisse um terceiro procedimento, a execução por iniciativa do julgador. Este, após a sentença condenatória e a requerimento do credor, poderia usar dos meios executórios para dar cumprimento à sentença. Era a consagração do princípio romano segundo o qual a execução deve ser posterior à condenação e do fortalecimento da limitação da liberdade do credor em face da pessoa do devedor[6].

Com um salto histórico se chega às Ordenações portuguesas (Afonsinas, Manuelinas e Filipinas), norteadas pelo direito romano, que, por sua vez, influenciou o Governo Imperial nos procedimentos que perduraram no direito brasileiro até o Regulamento n. 737, de 25 de novembro de 1850 (Código Comercial). Contemplavam as Ordenações do Reino Português que a execução se dava pelas vias da *actio iudicati*, cabível quando não havia condenação precedente; *execução forçada*, ou execução *per officium iudicis*, ou execução de sentença, o procedimento normal de execução, que pressupunha uma decisão; por fim, a *ação executiva*, fundada em créditos do Fisco e outros títulos de crédito. Todavia, em outros sistemas jurídicos da Europa, admitia-se a ação decendiária, a ação de assinação de dez dias, de procedimento sumário e não executivo, apta à cobrança de contratos mercantis, notas promissórias, apólices de seguro, dívidas representadas por escrituras públicas, entre outras. Entre nós, o Regulamento n. 737/1850 não cuidou da *actio iudicati*, disciplinando a *ação decendiária*, a *ação executiva* quando incabível a primeira e a *execução de sentença*[7].

O Código de Processo Civil brasileiro, primeiro Código unitário da República, Decreto-lei n. 1.608, de 18 de setembro de 1939, disciplinou duas espécies de execução: ação executiva, disciplinada no art. 298, e execução de sentença, disposta nos arts. 882 e seguintes. Na codificação posterior, oriunda das Leis ns. 5.869, de 11 de janeiro de 1973, e 5.925, de 1º de outubro de 1973, ocorreu a unificação das vias

---

5 TEIXEIRA FILHO, Manoel Antonio. *Execução no processo do trabalho*. 8. ed. São Paulo: LTr, 2004. p. 53-55.

6 SANTOS, Moacyr Amaral. *Op. cit.*, p. 216-217.

7 *Idem.*

executivas, tendo a Exposição de Motivos explicado que o mais aconselhável era reunir os títulos executivos judiciais e extrajudiciais, razão pela qual a ação executiva foi considerada uma espécie de execução geral. Justificava-se assim sua supressão.

Cerca de um ano antes da unificação da lei processual, em 17 de novembro de 1938, o Governo publicou o Decreto-lei n. 960, que regulamentava a cobrança judicial da dívida ativa da Fazenda Pública. Este decreto passou a ser fonte subsidiária da execução trabalhista, ponto que será objeto de estudo em momento oportuno. Vigorou até a promulgação do Código de Processo Civil de 1973, que o revogou.

O Código de 1973, nos dizeres do então Ministro da Justiça, *Alfredo Buzaid*, na Exposição de Motivos, concedeu ares de modernidade ao processo de conhecimento, seguindo as correntes doutrinárias de países como Áustria, Alemanha, Portugal e Itália, sendo preponderante a influência dos dois primeiros. Todavia, nas outras partes fundamentais do Código, entre elas a execução, o legislador brasileiro não foi feliz. Para *Buzaid*, o processo de execução reproduziu o direito anterior, salvo *tímidas inovações*. Não obstante, manteve-se a idéia de que, ao contrário do processo de conhecimento, o processo de execução contempla a desigualdade entre exeqüente e executado, estando o primeiro em posição de preeminência e o segundo em estado de sujeição. A mesma Exposição de Motivos ainda admite que a execução se presta "a manobras protelatórias, que arrastam os processos por anos, sem que o Poder Judiciário possa adimplir a prestação jurisdicional"[8].

Foi sob a marca de um Estado Liberal que o Código de Processo Civil de 1973 se solidificou. Forçoso lembrar que, historicamente, o liberalismo vivenciado na Áustria e na Alemanha orientou e determinou a *devoção ao princípio dispositivo*, conforme ensina *Marcelo Abelha Rodrigues*[9], para quem o art. 2º do CPC declara a certeza do sistema que privilegia a natureza privada do processo, de modo que nenhum juiz deva atuar de ofício. Para o citado processualista, *quanto menos ativista, participativo e atuante fosse o juiz, mais estaria cumprindo o seu papel* na ótica do Estado Liberal vigente. Ao fazer a análise das marcas do liberalismo no CPC de 1973 no tocante à execução, o citado autor conclui:

> Do ponto de vista da atividade jurisdicional executiva, as restrições à "liberdade" e "ativismo" judicial eram (e ainda são) também mais visíveis, porque esta atividade significava, antes de tudo, uma permissão de inovação estatal no patrimônio das pessoas (liberdade e propriedade), e, por isso, toda cautela e rigidez deveriam ser tomadas pelo Estado Liberal para evitar ou afastar, de

---

8 BRASIL. Código de Processo Civil. Exposição de Motivos. São Paulo: Saraiva, 2007.

9 Ao lado de Flávio Cheim Jorge e Fredie Didier Jr., esse autor presta imensurável serviço à comunidade jurídica ao comentar a Lei n. 11.232/2005 e outras leis que integram as últimas alterações do CPC, de 2005 e 2006. Vale a leitura da obra, tanto pelo aspecto jurídico como pelo enfoque crítico, histórico, político e social enfrentado pelos autores (*A terceira etapa da reforma processual civil*. São Paulo: Saraiva, 2006. p. 93).

uma vez por todas, o temeroso "retorno" de um estado absolutista. Assim, na tutela executiva do Código de Processo Civil, as regras ali previstas emprestavam (algumas regras ainda estão vivas) ao juiz uma função muito próxima de um autômato, num método de trabalho minudente, rígido e quase sem variações, enfim, com margem de liberdade quase nenhuma para escolher o melhor caminho da tutela jurisdicional a ser prestada.

Após a Constituição Federal de 1988 e a partir de 1992 até os nossos dias, o Código de Processo Civil vem passando por reformas para adaptar-se não mais a um Estado Liberal, mas a um Estado Social, em que a intervenção se faz necessária com o objetivo de garantir a igualdade real de direitos e garantias sociais. Com isso, a postura do juiz, antes restrita, passa a ser mais ativa, de modo a valorizar o princípio inquisitivo e a jurisdição como entrega da tutela jurisdicional e a privilegiar as medidas que proporcionem verdadeira efetividade[10].

É chegado o fim, portanto, da síntese evolutiva da execução, que nos leva a refletir sobre o avanço do que antes foi o verdadeiro suplício de um condenado sem direitos e garantias para o atual sistema, em que a execução é patrimonial e não pessoal, pressupondo a existência de título executivo com os atributos da certeza, liquidez e exigibilidade (art. 580 do CPC). Pode ser promovida pelo credor a quem a lei confere título executivo e pelo Ministério Público nos casos prescritos em lei (art. 566 do CPC), além dos herdeiros, espólio, sucessores, cessionário ou sub-rogado, nos termos do art. 567 do CPC, a quem a lei atribui tal prerrogativa.

Por certo que o passar dos anos e o progresso de conceitos como dignidade da pessoa humana e respeito ao contraditório e ampla defesa impõem a busca pela harmonização de duas tendências: a de que a execução seja efetiva e ao mesmo tempo não seja injusta. Atualmente, essa é a batalha dos processualistas, e dentre eles se destaca *Teresa Arruda Alvim Wambier*, para quem é essencial que o devedor não seja visto como vítima e, nessa condição, tenha uma infinidade de meios para embaraçar a execução. Para a renomada jurista, o processo de execução civil brasileiro privilegia em demasia o devedor, e, se houvesse respeito ao equilíbrio, a sabedoria popular não teria inventado a frase: "Se você acha que eu devo, corra atrás de seus direitos!"[11].

Vale dizer que as últimas alterações visam à real celeridade e efetividade da execução, e de fato trazem avanços, embora não suficientes para solucionar a problemática, que ultrapassa a estrutura jurisdicional. Nos capítulos subseqüentes abordar-se-á o impacto da reforma processual civil no âmbito da instrumentalidade trabalhista.

---

10 RODRIGUES, Marcelo Abelha; DIDIER JR., Fredie; JORGE, Flávio Cheim. *Op. cit.*, p. 103.

11 WAMBIER, Teresa Arruda Alvim. Efetividade da execução. In: DALLEGRAVE NETO, José Affonso; FREITAS, Ney José (Coords.). *Execução trabalhista*: estudos em homenagem ao Ministro João Oreste Dalazen. São Paulo: LTr, 2002. p. 364.

3. Justiça do Trabalho no Brasil. Nascimento e evolução no que tange à execução de suas próprias sentenças

É no percurso pela história do nascimento da Justiça do Trabalho no Brasil que podemos, com muita segurança, visualizar modelos e valores consagrados que assim se mantêm até os nossos dias, da mesma forma que sentimos o desgaste e a ineficácia de outros modelos, que mereceram mudanças e ainda estão por merecer transformações.

Ao considerarmos as relações de trabalho predominantemente existentes no Brasil no período compreendido entre 1830 e 1930 como aquelas derivantes dos contratos de locação de serviços tanto para os urbanos como para os rurais, empreitadas e trabalhos em obras e fábricas, a competência num primeiro momento histórico para apreciá-las e julgá-las foi da Justiça Comum, com base nas leis civis e comerciais, prevendo-se para tais hipóteses o rito sumaríssimo, de acordo com a legislação em vigor. Com o advento do Regulamento n. 737/1850, o rito para essas ações, que continuavam na órbita da Justiça Comum, passou a ser denominado "sumário", de acordo com as regras do ordenamento comum[12].

Forçoso concluir que, desde o nascedouro, as relações jurídicas que envolviam questões de trabalho provocavam preocupação quanto à urgência na tutela, em face de sua subordinação aos ritos de natureza sumária.

Importa recordar, com *Antônio Lamarca*[13], que em 1º de janeiro de 1917 entrou em vigor o Código Civil brasileiro, Lei n. 3.071, de 1º de janeiro de 1916, que, em matéria trabalhista, seguiu a tradição dos Códigos Napoleônicos, regulando a locação de serviços, paralelamente à locação de coisas e à empreitada. A preocupação do Código era com o homem contratante, característica do individualismo e da natureza privada da legislação, desprezando por completo a condição do cidadão na qualidade de sujeito economicamente fraco na relação jurídica que envolvia questões de trabalho.

A Lei paulista n. 1.869, de 10 de outubro de 1922, instituiu os Tribunais Rurais, compostos por um juiz de direito e dois membros, locador e locatário, com competência para a execução de contratos de locação com colonos estrangeiros. O modelo do que mais tarde seriam as Juntas de Conciliação e Julgamento mostrou-se inviável porque os trabalhadores, então chamados de "locatários operários", e que se encontravam em condições econômicas débeis, deveriam indicar o representante correspondente antes da audiência[14].

---

12 BATALHA, Wilson de Souza Campos. *Tratado de direito judiciário do trabalho*. 3. ed. São Paulo: LTr, 1995. v. 1. p. 261.
13 LAMARCA, Antônio. *Curso expositivo de direito do trabalho*. São Paulo: Revista dos Tribunais, 1972. p. 18.
14 ALBUQUERQUE, Francisca Rita Alencar. *Op. cit.*, p. 83-85.

Em 1923 foi criado o embrião do atual Tribunal Superior do Trabalho, o Conselho Nacional do Trabalho, não em caráter jurisdicional, mas consultivo, embora funcionasse como instância recursal em matéria previdenciária, vinculado ao Ministério da Agricultura, Indústria e Comércio.

A partir de 1932-1934, com a instituição das Juntas de Conciliação e Julgamento pelo Decreto n. 22.132, de 25 de novembro de 1932, para dirimir conflitos individuais, e das Comissões Mistas de Conciliação, criadas pelo Decreto n. 21.396, de 12 de maio de 1932, para conflitos coletivos, as relações de trabalho passaram a ser submetidas a esses órgãos de natureza administrativa com força impositiva para solucionar os conflitos individuais e coletivos. Todavia, pela ausência do caráter jurisdicional, eram totalmente dependentes da Justiça Comum para executar suas decisões, que poderiam, inclusive, sofrer modificações e anulações.

Cada Junta era formada por um presidente, nomeado pelo titular do Ministério do Trabalho, e por dois vogais, representantes dos empregados e dos empregadores, escolhidos mediante lista enviada pelos sindicatos ao Departamento Nacional do Trabalho e às inspetorias regionais do trabalho.

Convém ressaltar, com o auxílio de *Francisca Rita Alencar Albuquerque*[15], que as Juntas de Conciliação e Julgamento, além da falta de autonomia, também agiam de forma discriminatória, na medida em que apenas aos empregados sindicalizados era permitida a submissão das demandas. Aos demais, que representavam o maior número da classe, restava recorrer à Justiça ordinária, já naquela época com as características da morosidade e onerosidade.

A ausência de autonomia também se verificava por meio das interferências do agente público, à frente do Ministério do Trabalho, que comumente atuava como instância recursal.

Aos representantes do Ministério Público Federal ou aos chamados procuradores do Departamento Nacional do Trabalho — DNT, criado pelo Decreto n. 19.667, de 4 de fevereiro de 1931, cabia a tarefa de iniciar a execução das sentenças proferidas pelas Juntas de Conciliação e Julgamento perante a Justiça Comum, que se submetiam à processualística civil.

Somente em 2 de maio de 1939, com base em projeto elaborado pelos ilustres *Oliveira Viana* e *Oscar Saraiva*, entre outros, o Decreto-lei n. 1.237, depois regulamentado pelo Decreto n. 6.596, de 12 de dezembro de 1940, a Justiça do Trabalho, estruturada como órgão do Poder Judiciário, passou a executar suas próprias decisões e a ter como características processuais, dispostas entre os arts. 30 e 79, dentre outras, as seguintes[16]:

---

15 ALBUQUERQUE, Francisca Rita Alencar. *Op. cit.*, p. 88.

16 FERRARI, Irany; NASCIMENTO, Amauri Mascaro; MARTINS FILHO, Ives Gandra da Silva. *História do trabalho, do direito do trabalho e da Justiça do Trabalho:* homenagem a Armando Casimiro Costa. São Paulo: LTr, 1998. p. 193.

a) atuação fundamentalmente conciliatória (fala-se em conversão em juízo arbitral quando não alcançado o acordo);

b) ampla liberdade de direção do processo dada ao juiz;

c) celeridade processual;

d) possibilidade de reclamação verbal;

e) citação por via de registro postal;

f) concentração em uma única audiência (defesa, instrução e julgamento);

g) outorga de *jus postulandi* às próprias partes litigantes;

h) outorga de poder normativo aos tribunais em conflitos coletivos.

No que tange à execução das sentenças, o Decreto n. 1.237/39 dispunha, em resumo, que[17]:

- Celebrado o acordo ou transitada em julgado a sentença, seguia-se o seu cumprimento; nas prestações sucessivas, o não-pagamento de uma implicava o automático vencimento das subseqüentes.

- Eram competentes para executar os juízes ou o tribunal que houvesse conciliado e julgado o dissídio ou processo.

- A execução poderia ser promovida por qualquer interessado, pela Procuradoria do Trabalho ou pelo juiz, *ex officio*.

- O instrumento de citação continha a decisão exeqüenda; o prazo para o devedor pagar ou garantir a execução, sob pena de penhora, era de 48 horas.

- Garantida a execução ou penhorados bens suficientes, o executado tinha o prazo de cinco dias para apresentar defesa; após a manifestação do exeqüente, o juiz proferia o julgamento, caso não houvesse necessidade de inquirir testemunhas.

- A matéria de defesa era restrita às alegações de cumprimento da decisão, quitação ou prescrição da dívida.

- Na hipótese de rejeição da defesa do executado, a quantia era levantada ou os bens submetidos a avaliação oficial por perito designado pelo juízo, seguindo-se então a praça, com antecedência de vinte dias, e a arrematação.

- Aos trâmites e incidentes do processo de execução eram aplicáveis os preceitos que regulavam o processo de executivos fiscais para cobrança da dívida ativa da Fazenda Pública (Decreto-lei n. 960/38), quando compatíveis.

Convém relembrar que, naquela fase, a inclusão da Justiça do Trabalho entre os órgãos do Judiciário se deu mais por força da interpretação do Supremo Tribunal Federal no Recurso Extraordinário n. 6.310 (DJU, 30 set. 1943[18]) do que por

---

17 TEIXEIRA FILHO, Manoel Antonio. *Execução no processo do trabalho*. 8. ed. São Paulo: LTr, 2004. p. 61.

18 Vale a transcrição da ementa: "A natureza da atividade dos Tribunais do Trabalho não é administrativa, mas sim, e essencialmente, jurisdicional. O juiz do trabalho, embora sem as prerrogativas do magistrado comum, é juiz, proferindo verdadeiros julgamentos na solução de determinados litígios" (Apelação Cível n. 7.219,

expressa previsão constitucional, o que só viria a ocorrer com a Carta de 1946, que transformou o Conselho Nacional do Trabalho em Tribunal Superior do Trabalho e os Conselhos Regionais em Tribunais Regionais do Trabalho.

A partir de então, as Constituições que se seguiram confirmaram e ampliaram a autonomia da Justiça do Trabalho como órgão do Poder Judiciário. A Carta de 1967 e a Emenda Constitucional n. 1/69 estabeleceram de vez a competência para o deslinde, até o fim, dos processos no âmbito da própria Justiça Trabalhista, admitindo-se inclusive o recurso extraordinário para o Supremo Tribunal Federal nas hipóteses em que decisão do Tribunal Superior do Trabalho confrontasse com a Constituição.

A Carta de 1988 manteve expressamente a autonomia da Justiça do Trabalho como órgão do Poder Judiciário, com competência para processar e julgar litígios entre empregados e empregadores. Por fim, com as alterações introduzidas pela Emenda Constitucional n. 45/2004, a Justiça especializada passou a ser competente para processar e julgar as ações oriundas de relações de trabalho, e, além de executar suas próprias sentenças, passou a promover a execução, de ofício, das contribuições sociais previstas no art. 195, I, *a*, e II, da Constituição, bem como seus acréscimos legais, provenientes das sentenças que proferisse.

4. A Consolidação das Leis do Trabalho e a sistematização da execução

Em 1º de maio de 1943, foi aprovado o Decreto-lei n. 5.452, que instituiu a Consolidação das Leis do Trabalho – CLT, com início da vigência em 10 de novembro do mesmo ano.

Localizada no meio-termo entre uma coleção de leis e um Código, a CLT, considerada por *Alexandre Marcondes Filho*[19] uma coordenação sistematizada de textos e de princípios em matéria trabalhista, repetiu quase que de forma literal o Decreto n. 1.237/39 em matéria de execução.

A leitura crítica da Exposição de Motivos da CLT favorece o convencimento de que à época não foi considerada a importância do processo trabalhista. Dos 84 parágrafos destinados à Exposição, apenas o de n. 82 faz referência a aspectos instrumentais ao cuidar do julgamento do agravo e da definição do prejulgado. Era de se esperar que a preocupação da CLT se restringisse à subordinação às leis preexistentes, mas a repetição quase literal do Decreto n. 1.237 merece crítica, porque o legislador, imbuído dos "sentimentos de humanismo cristão que encheram de generosidade e de nobreza os anais de nossa vida pública e social"[20], perdeu a grande oportunidade de proclamar regras específicas e coerentes com a nova Justiça que então se consolidava.

---

julgada em 21.9.1943. Relator Ministro Orosimbo Nonato. In: SÜSSEKIND, Arnaldo. O cinqüentenário da Justiça do Trabalho. *Revista do TST*, São Paulo: LTr, 1991, p. 16).

19 BRASIL. Consolidação das Leis do Trabalho. Exposição de Motivos. São Paulo: LTr, 2007.

20 Consolidação das Leis do Trabalho, p. 29.

Salvo poucas alterações, a execução trabalhista mantém-se com a mesma estrutura da década de 40. Atualmente com 20 artigos no Capítulo V, do Título X — Da Execução —, a CLT encontra-se sistematizada da seguinte forma:

- Seção I – arts. 876 a 879: disposições preliminares;
- Seção II – arts. 880 a 883: do mandado e da penhora;
- Seção III – art. 884: dos embargos à execução e da sua impugnação;
- Seção IV – arts. 885 a 889-A: do julgamento e dos trâmites finais da execução (o art. 887 encontra-se tacitamente revogado em face da nova redação dada ao art. 721 da CLT pela Lei n. 5.442/68);
- Seção V – arts. 890 a 892: da execução por prestações sucessivas.

Para o objetivo do presente estudo, qual seja, a proposta de revisão conceitual e jurisprudencial da execução provisória tendo em mente o método instrumentalista, necessário o acréscimo, junto à sistemática acima, do art. 899 da CLT, inserido no Capítulo VI — Dos Recursos —, porque faz menção expressa à permissão para a execução provisória até a penhora, ao cuidar da regra do efeito devolutivo para a interposição dos recursos. O assunto será retomado no momento oportuno.

Ao contrário da fase de conhecimento, que recebeu maior atenção e regulamentação, a execução trabalhista contava com 17 artigos quando entrou em vigor a CLT. Para *Wagner Giglio*[21], naquela época a execução trabalhista já apresentava grandes lacunas, e para suprimi-las se fez necessária a aplicação subsidiária do Decreto-lei n. 960, de 17 de dezembro de 1938, que regia o processo dos executivos fiscais, conforme determinava o art. 889 da CLT. Ocorre que a referida Lei de Executivos Fiscais, além de obsoleta, como ressalta o autor citado, padecia de muitas lacunas, o que dava margem à incidência das normas do Código de Processo Civil, em consonância com o disposto no art. 769 da CLT. Pelo exposto, *Giglio* conclui que a origem dos problemas da execução trabalhista reside nesse ponto, ou seja, desde seu nascedouro possuiu regulamentação oriunda de três fontes legais, "com fundamentos, ideologias e propósitos diversos e, por vezes, conflitantes"[22].

Nessa mesma linha de raciocínio, *José Augusto Rodrigues Pinto*[23] assevera que a execução de sentenças por parte da Justiça Trabalhista foi cerceada em sua

---

21 GIGLIO, Wagner. Dificuldades crescentes da execução trabalhista. In: DALLEGRAVE NETO, José Affonso; FREITAS, Ney José (Coords.). *Execução trabalhista:* estudos em homenagem ao Ministro João Oreste Dalazen. São Paulo: LTr, 2002. p. 367.

22 *Idem*. No artigo citado, Wagner Giglio não desenvolveu a temática sobre os conflitos envolvendo os "fundamentos, ideologias e propósitos" dos diplomas legais mencionados, e também não o faz em sua obra mais completa, *Direito processual do trabalho*. 25. ed. São Paulo: Saraiva, 2005. Por entender que a afirmação está correta e merece desenvolvimento, aquém, certamente, do que faria o detentor da idéia original e sem receio de críticas que poderão surgir quanto ao método a ser adiante utilizado, o enfrentamento da questão será posto em capítulo próprio, quando serão tratadas as fontes primárias e subsidiárias da execução trabalhista.

23 RODRIGUES PINTO, José Augusto. *Execução trabalhista*. São Paulo: LTr, 2006. p. 56.

nascente, pela ausência de autonomia no cumprimento de suas decisões e posteriormente pelo empréstimo de outras normas, estranhas aos objetivos propostos. Por essa razão, sofre dos efeitos perversos que impedem sua perfeita sistematização, como a *atrofia evolutiva* em comparação com o processo de cognição e a falta de estruturação em ordenamento próprio e específico.

O notável *Amauri Mascaro Nascimento*[24] sentencia que a execução trabalhista não possui identidade própria e dificilmente a terá, por ser fruto do cruzamento com o processo civil.

Sem receio do risco das generalizações, a opinião de que a execução trabalhista não possui identidade dificilmente enfrentará discordância por parte dos estudiosos da área. E é a síntese histórica que nos mostra isso, seja pela falta de autonomia no cumprimento das sentenças nas origens da Justiça especializada, seja na dependência de outras normas. O fato é que a execução na Justiça do Trabalho não mereceu dos legisladores ou da comunidade jurídica, à época da sistematização da CLT, o cuidado que merecia.

Todavia, justiça há de ser feita quanto ao avanço, representado naquele período histórico, e que ainda se mostra de vanguarda nos dias atuais, da regra insculpida no art. 878 da CLT, que trata da possibilidade de a execução ser promovida por qualquer interessado, ou *ex officio* pelo juiz ou presidente do tribunal competente.

Com tal medida, fruto da ampla liberdade na direção do processo conferido aos juízes e tribunais trabalhistas por meio do art. 765 da CLT, inolvidável o prestígio do ativismo judicial, que transforma o magistrado, especialmente na fase de execução, em algo mais do que intérprete da norma ou autômato, alçando-o ao posto de sujeito criativo e pacificador das relações sociais.

Cabíveis os seguintes questionamentos: podem os legisladores e operadores jurídicos de 50/60 anos atrás ser julgados e condenados por não haverem previsto o caos que hoje assola as Varas da Justiça do Trabalho, provocado pelo volume de processos na fase de execução? Deveriam eles ter vislumbrado o futuro e a alta litigiosidade que se constata atualmente nas relações de trabalho e emprego que batem às portas do Judiciário especializado?

Seguramente não. As limitações e imperfeições em matéria de execução trabalhista que hoje se fazem sentir com maior vigor são desafios para aqueles que, atualmente, detêm o poder no Estado social, democrático e de direito e que possuem a responsabilidade de contribuir para a justa e célere entrega da prestação jurisdicional.

---

24 NASCIMENTO, Amauri Mascaro. Hibridismo das regras da execução. In: DALLEGRAVE NETO, José Affonso; FREITAS, Ney José (Coords.). *Execução trabalhista*: estudos em homenagem ao Ministro João Oreste Dalazen. São Paulo: LTr, 2002. p. 35.

CAPÍTULO II

CONCEITOS FUNDAMENTAIS

1. A autonomia do processo do trabalho e a missão da tutela jurisdicional executiva. A instrumentalidade como método para atingir o resultado

Do ponto de vista metodológico, importa ressaltar a relevância dos conceitos que serão adiante abordados, considerados de extrema valia para a consecução do fim objetivado.

Citado por *Coqueijo Costa*[1], *Arruda Alvim* declara que a patologia do direito é o quanto possível corrigida por meio do processo. Consiste o processo na atividade mediante a qual o Estado desempenha em concreto a função jurisdicional, cumprida por meio de uma série coordenada de atos que se sucedem no tempo e que tendem à formação de um ato final. A relação existente entre os atos denomina-se "procedimento", e a relação entre os sujeitos (Estado, autor e réu) é chamada de "relação jurídica processual". Tal elaboração foi formulada por *Enrico Tullio Liebman*[2] e largamente sustentada pelos processualistas brasileiros, especialmente com o advento do Código de Processo Civil de 1973.

A jurisdição, que para *Liebman* é "a atividade dos órgãos do Estado destinada a formular e atuar praticamente a regra jurídica concreta que, segundo o direito vigente, disciplina determinada situação jurídica"[3], cumpre sua tarefa, em regra, inicialmente, pelo processo de conhecimento, em que as partes estão em igualdade de posições e onde se dá a apuração do direito, com a busca da verdade real, a se

---

1 COQUEIJO COSTA, Carlos. *Direito processual do trabalho.* Rio de Janeiro: Forense, 1984. p. 572.

2 LIEBMAN, Enrico Tullio. *Manual de direito processual civil.* Trad. e notas Cândido Rangel Dinamarco. 3. ed. São Paulo: Malheiros, 2005. v. 1. p. 55.

3 Liebman na verdade sintetizou em seu conceito as duas definições consagradas na época, de Chiovenda e Carnelutti, para jurisdição, que a seu sentir são complementares. O primeiro elaborou o conceito de jurisdição como "atuação da vontade concreta da lei mediante substituição da atividade alheia pela de órgãos públicos, seja afirmando a existência da vontade da lei, seja tornando-a efetiva na prática", ressaltando a relação entre a lei e a jurisdição com a idéia de substituição. O segundo pensou na jurisdição como justa composição das lides, tendo como lide qualquer conflito de interesse regulado pelo direito e por justa a composição feita nos termos deste (LIEBMAN, Enrico Tullio. *Manual de direito processual civil,* cit., v. 1, p. 22-23).

encerrar na prolação da sentença. O que diferencia o processo de conhecimento do processo de execução, e que torna este peculiar, é que na execução a atividade desenvolvida pelos órgãos judiciários dá atuação à sanção, transformando o exercício jurisdicional de forma que satisfaça o comando expresso na sentença prolatada.

Consagrada e atual doutrina também entende a jurisdição como poder, função e atividade. Como poder, no plano da soberania estatal, em sua capacidade de decidir e impor imperativamente as decisões por meio de órgãos jurisdicionais. Como função, a jurisdição concretiza-se por meio do encargo que os órgãos jurisdicionais têm de solucionar os conflitos com a aplicação correta do direito material por meio do processo. Por fim, como atividade, ao considerar o conjunto de atos do julgador no processo, exercendo legitimamente o poder e cumprindo a função que a lei lhe outorga[4].

Ainda na esteira do pensamento de *Liebman* e em decorrência da função jurisdicional, *Cândido Rangel Dinamarco*[5] entende que sanção executiva é a imposição de medidas que, com ou sem o concurso da vontade do obrigado, produzam o mesmo resultado que este não quis produzir, a saber, a satisfação do direito do credor.

José Frederico Marques[6], cuja sistemática de não diferenciar conceitos que parecem semelhantes é a que melhor se apresenta para sustentar o debate em matéria trabalhista, assevera que execução forçada, processo executivo ou processo de execução "é meio e modo pelo qual se efetiva a prestação a que a lei concede pronta e imediata exigibilidade".

A "série coordenada de atos" citada como elemento integrante do conceito de processo se materializa, na fase executória, pelos meios executórios ou executivos[7], pelos quais o Estado, atuando contra a vontade do executado, deve fazer valer o comando judicial por meio de ações invasivas no patrimônio deste.

No processo civil, a execução importava efetivamente em processo autônomo, gerando o binômio processo de conhecimento — processo de execução. Todavia, o advento da Lei n. 11.232/2005, que acrescentou ao CPC o Capítulo X — Do cumprimento da sentença —, transformou a fase de execução de título judicial em fase de cumprimento de sentença. Vê-se que, neste ponto, o processo comum se aproxima do processo do trabalho, tendo em vista a maior efetividade de suas sentenças.

---

4 Celso Neves e Cintra-Grinover-Dinamarco, conforme síntese proposta por LUCON, Paulo Henrique dos Santos. Novas tendências na estrutura fundamental do processo civil. *Revista do Advogado de São Paulo,* ano 26, n. 88, nov. 2006, p. 147.

5 DINAMARCO, Cândido Rangel. *Instituições de direito processual civil.* São Paulo: Malheiros, 2005. v. 4. p. 33-36.

6 MARQUES, José Frederico. *Instituições de direito processual civil.* Campinas: Millenium, 1999. v. 5. p. 1.

7 Araken de Assis (*Manual da execução.* São Paulo: Revista dos Tribunais, 2007. p. 128) usa meios executórios, enquanto Dinamarco (*Execução civil.* São Paulo: Malheiros, 2002. p. 326) prefere meios executivos. A diferenciação, contudo, é apenas nominal, pois o conteúdo é o mesmo. Ambos destacam que o emprego dos meios deve levar à pacificação social e ao bem pretendido pelo exeqüente.

A autonomia do processo do trabalho, do mesmo modo que a do processo comum, é indiscutível como dogmática jurídica, por conter princípios, objetos específicos e regras próprias, embora dependente de outras normas. É ramo do direito público, porque instrumento da atividade jurisdicional do Estado. A Constituição Federal prescreve que apenas à União cabe legislar em matéria de direito processual — art. 22, I.

Autonomia também se verifica em face do processo civil, pela existência de órgão de Justiça e juízes especializados, do exercício do poder normativo pelos Tribunais Regionais do Trabalho e em especial pela "postura comprometida com o direito material do trabalho e com a realidade econômica e social", como bem assevera *Carlos Henrique Bezerra Leite*[8].

A discussão sobre a autonomia da execução em matéria trabalhista não mereceu dos doutrinadores relevantes debates em face da natureza do direito material e pela limitação dos títulos executivos, sendo os judiciais os predominantes e os extrajudiciais limitados e até bem pouco tempo inexistentes[9].

Para os fins do presente estudo, as expressões "processo de execução" e "fase de execução" serão empregadas como sinônimas. Na verdade, entendemos que a fase de execução trabalhista é prolongamento da fase de conhecimento, à exceção dos casos de título extrajudicial, em que o processo se inicia com os aparentes atributos do título executivo e dispensa a cognição exauriente. Por certo que a finalidade da execução, a começar pela citação para o pagamento ou garantia da execução por meio da penhora e por toda a série coordenada de atos que a envolvem, leva a concluir pela autonomia do procedimento executivo em face do conhecimento, mas o processo trabalhista, inclusive no que tange a sua materialidade, representada pelos autos, é um só.

Tendo em mente a evolução pela qual passou o conceito de execução de pessoal a patrimonial, convergindo para as definições expostas, aqueles que se dedicam ao estudo do tema na seara trabalhista, quando conceituam a execução trabalhista, invariavelmente o fazem partindo da regulamentação exposta na CLT, em especial no art. 876[10].

---

8 LEITE, Carlos Henrique Bezerra. *Curso de direito processual do trabalho*. 4. ed. São Paulo: LTr, 2006. p. 84.

9 Como bem assevera Cláudio Armando Couce de Menezes, impõe-se, todavia, a lembrança de que a partir da Lei n. 9.958, de 12.1.2000, o art. 876 da CLT passou a contar com dois títulos extrajudiciais: o termo lavrado pela comissão de conciliação prévia e o termo de ajuste perante o Ministério Público do Trabalho no inquérito civil público, no qual absolutamente impossível fica a faculdade do juiz de iniciar a execução *ex officio*, pois o documento executivo não constará dos autos. Aliás, o juiz, em regra, nem sequer terá conhecimento de sua existência. De maneira que, em se tratando dos títulos aludidos no art. 876 da CLT, com a redação emprestada pela Lei n. 9.958/2000, somente por demanda da parte poder-se-á inaugurar a execução, que nessas hipóteses passa a ter natureza de processo autônomo (Os princípios da execução trabalhista e a satisfação do crédito laboral. *RDT*, n. 2, fev. 2003).

10 "Art. 876. As decisões passadas em julgado ou das quais não tenha havido recurso com efeito suspensivo; os acordos, quando não cumpridos; os termos de ajuste de conduta firmados perante o Ministério Público

Manoel Antonio Teixeira Filho conceitua execução como

[...] a atividade jurisdicional do Estado, de índole essencialmente coercitiva, desenvolvida por órgão competente, de ofício ou mediante iniciativa do interessado, com o objetivo de compelir o devedor ao cumprimento da obrigação contida em sentença condenatória transitada em julgado ou em acordo judicial inadimplido ou em título extrajudicial, previsto em lei[11].

Pedro Paulo Teixeira Manus define de forma concisa e completa a execução no processo do trabalho. Trata-se do "conjunto de atos processuais que visa dar cumprimento à coisa julgada ou ao comando do título extrajudicial". Acreditando que a execução não desfruta de autonomia, o ilustre professor a classifica como seqüência da fase de conhecimento no processo do trabalho, defendendo a urgência de sua revisão e simplificação para torná-la mera "fase de acertamento para cumprimento do título executivo, garantido o devido processo legal ao devedor, mas privilegiando, sem dúvida, o credor"[12].

Do exposto, considerando os conceitos acima expostos, conclui-se que não pode haver execução sem processo de execução, isto é, não é possível a existência de atos que assegurem o cumprimento de uma sentença, de um direito, sem que haja processo executório, pois é o Estado que atua com força sancionatória e coercitiva. "Processo" é aqui compreendido como uma série de procedimentos em contraditório, como conjunto de atos que se coordenam e se conjugam tendo em vista um objetivo ou provimento final[13].

Vê-se que o processo civil "evoluiu" retornando a idéias não originais. Explica-se por que *Manus* entende a execução como fase do processo de conhecimento, fazendo alusão à antiga concepção da processualística comum. Com o advento da Lei n. 11.232/2005, constata-se o retorno ao conceito de execução como continuação da cognição.

Maria Helena Diniz, citando *Alexandre Caballero*, afirma que

[...] é um fenômeno normal o da evolução dos conceitos, mesmo dos mais elementares e fundamentais. Quanto mais manuseada uma idéia, mais ela fica

---

do Trabalho e os termos de conciliação firmados perante as Comissões de Conciliação Prévia serão executados pela forma estabelecida neste Capítulo" (Redação dada pela Lei n. 9.958, de 12.1.2000).

11 TEIXEIRA FILHO, Manoel Antonio. *Op. cit.*, p. 33.

12 MANUS, Pedro Paulo Teixeira. *Execução de sentença no processo do trabalho*. São Paulo: Atlas, 2005. p. 17-22.

13 Essa é a visão mais moderna do processo, que o liga à idéia de procedimento em contraditório. Acrescenta-se ainda que o "processo está acima dessas noções básicas, pois constitui um método legítimo de solução de conflitos, que tem por escopo permitir a tutela autorizada e prometida pelo direito material, com a observância dos princípios e garantias constitucionalmente assegurados". O autor dessa definição é grande expoente do nosso moderno direito processual brasileiro, que teve a honra de estudar com Giuseppe Tarzia, sucessor de Enrico Tullio Liebman na conceituada escola de Milão. LUCON, Paulo Henrique dos Santos. *Op. cit.*, p. 167.

revestida de minuciosos acréscimos, sempre procurando os pensadores maior penetração, maior exatidão, maior clareza[14].

Tendo em mente essa busca e influenciado pela doutrina italiana, *Cândido Rangel Dinamarco* vai além ao afirmar que não basta aprimorar conceitos: é preciso aproximá-los da realidade do mundo em que estão inseridos. No tocante ao sistema processual civil, há mais de três décadas que o Mestre do Largo São Francisco chama a atenção para a urgência de estudar o processo do ponto de vista externo, isto é, partindo dos objetivos perseguidos e dos resultados, que estão permanentemente comprometidos. Isso só pode ocorrer mantendo a preocupação com a operatividade do sistema em face de sua missão[15].

Para o método instrumental, falar de processo como instrumento só terá validade levando em conta os objetivos por ele perseguidos; do contrário, será expressão vaga e desprovida de utilidade. Se todo instrumento é um meio, tal meio só se torna legítimo em função dos fins a que se destina. O raciocínio dessa corrente é ligar, de forma indissolúvel, a idéia de instrumento aos *propósitos norteadores ou escopos do processo e das condutas dos agentes estatais que o utilizam*.

Ao traçar os propósitos norteadores do processo, estará o intérprete ou operador do direito revelando a verdadeira utilidade do instrumento. *Dinamarco* ainda chama a atenção não só para a capacidade que o processo deve ter de cumprir com seus objetivos, mas também para a maneira pela qual tais objetivos serão recebidos e sentidos pela sociedade. Essa é a razão pela qual o método instrumental ou perspectiva instrumentalista do processo é teleológico por definição ao orientar o processo como instrumento válido quando busca a realização dos objetivos eleitos. Portanto, essencial definir o que vai nortear o processo, traçar seu rumo para que, depois de firmada tais premissas, o próprio sistema seja alimentado por elas, de modo que a dogmática venha a penetrá-lo para aprimorar-lhe a técnica[16].

---

14 DINIZ, Maria Helena. *Conceito de norma jurídica como problema de essência*. 2. ed. São Paulo: Saraiva, 1996. p. 1.

15 Discorre o autor sobre a primeira fase de estudos do direito processual, denominada *sincretismo jurídico*, marcado pela "confusão entre os planos substancial e processual do ordenamento estatal, que no século XIX principiou a ruir". Em seguida, tem-se a fase *autonomista ou conceitual*, até meados do século XX, com destaque para a obra de Oskar von Bülow, que aprimorou a visão da relação jurídica processual e da relação de direito privado como duas realidades distintas. Foi o período das descobertas da autonomia da ação e do processo e da "renovação dos estudos de direito processual, surgindo ele como ciência em si mesma, dotada de objeto próprio e então esboçada a definição de seu próprio método". Por fim, o "terceiro momento metodológico do direito processual, caracterizado pela consciência da *instrumentalidade* como importantíssimo pólo de irradiação de idéias e coordenador dos diversos institutos, princípios e soluções" (DINAMARCO, Cândido Rangel. *A instrumentalidade do processo*. São Paulo: Malheiros, 2005. Capítulo I).

16 Há quem pense de forma oposta. Dinamarco cita em sua nota 2 que o Ilustre magistrado e professor Aroldo Plínio Gonçalves, com tese defendida na Universidade Federal de Minas Gerais, propõe a defesa do tecnicismo, segundo o qual deve haver uma depuração processual, de modo que a técnica seja pura e as opções ideológicas sejam tratadas fora do direito processual. Evidente que tal pensamento é combatido por Dinamarco e com muito mais veemência na seara trabalhista, em que, pela própria natureza da relação jurídica e dos direitos sociais protegidos, impossível e inviável afastar a carga valorativa e ideológica que acompanha as relações de trabalho. DINAMARCO, Cândido Rangel. *A instrumentalidade do processo,* cit., p. 182.

Sintetizando a classificação proposta para esse método, temos em resumo os *escopos processuais* ou os propósitos norteadores necessários à instrumentalidade, que *são sociais, políticos e jurídicos*.

Os escopos sociais identificam-se com a pacificação social e a educação. A paz social, tão almejada, é a busca incessante do Estado ao definir, por meio da legislação, as condutas consideradas lícitas ou ilícitas e impor sanções. E como viver implica, por si só, um risco, viver em sociedade é estar sujeito a insatisfações diante da infinidade de interesses particulares e da finitude dos bens da vida que incidem sobre tais interesses. Portanto, o Estado, por intermédio de órgãos legítimos e idôneos, propõe e impõe a eliminação do conflito e cria o clima favorável à paz social.

A educação para a conscientização da população diante de seus direitos e obrigações é missão intrínseca do Estado, por meio do sistema processual. Isto é, a crença no Poder Judiciário que o cidadão, sobretudo o leigo, precisa ter deve vir precedida do conhecimento, do cumprimento e sobretudo do zelo para com os direitos alheios.

O escopo político desdobra-se em três valores: poder, liberdade e participação. Inegável o compromisso que o sistema processual possui com a política. No dizer de *Dinamarco*,

> [...] a sua inserção entre as instituições atinentes à vida do próprio Estado como tal e nas suas relações com os membros da população, conduz à necessidade de definir os modos pelos quais ele é predisposto a influir politicamente[17].

Por meio do processo, o Estado detém o poder de decidir imperativamente, e sem esse comando não se sustentaria. Ao lado do poder, encontra-se a liberdade, como valor limitativo de observância do poder e de seu exercício, para a dignidade dos indivíduos sobre os quais o poder se exerce. Por fim, a participação dos cidadãos, por si mesmos ou por meio de suas associações, como valor democrático inalienável, forma o escopo político do sistema processual.

A idéia para o escopo jurídico do processo é sintetizada na *atuação da vontade concreta do direito ou na atuação da vontade concreta da lei*. Para a corrente instrumentalista, a missão do processo não é meramente técnica, mas também ética, de modo que seu objetivo primordial é fazer valer a vontade da lei ou do direito no caso concreto. Fazendo isso, ou seja, adequando a norma por meio das regras de hermenêutica, o magistrado, ao proferir a sentença, estará pacificando a situação substancial com justiça. E, ao conferir às partes todas as garantias de participação na série coordenada de atos processuais, o magistrado também estará cumprindo o escopo político do processo. Portanto, o objetivo do processo não pode ser eminentemente jurídico: há de ser pensado juntamente com o social e o político.

---

17 DINAMARCO, Cândido Rangel. *A instrumentalidade do processo*, p. 208.

O verdadeiro sentido atual da fórmula precisa ser descoberto através dessa observação do social agindo sobre o jurídico, gerando a inexorabilidade da agilização e universalização da Justiça[18].

Transportando essa visão ao processo do trabalho, temos na figura do Estado-Juiz o principal agente responsável pela consecução dos escopos processuais. A realidade da Justiça do Trabalho, também justiça do trabalhador, do desempregado, do cidadão que invariavelmente experimenta o caráter jurisdicional do Estado pela primeira vez por meio da sede trabalhista, mostra que não há outro ramo do direito em que se manifeste de forma tão robusta a necessidade de pensar no processo como instrumento além do puramente jurídico. Uma vez provocado, cabe ao magistrado trabalhista ser "autêntico canal de comunicação entre a sociedade e o mundo jurídico, cabendo-lhe a positivação do poder mediante decisões endereçadas a casos concretos"[19].

O sentimento de ser transmissor de valores sociais e políticos deve estar presente em todos os atos do Estado-Juiz, que deve, também, estar consciente do alcance e da repercussão que cada decisão pode gerar. Alcance além daquela relação jurídica processual. Daí a célebre frase de *Barbosa Moreira*:

> [...] não há processo que interesse exclusivamente às partes e não ecoe na paisagem da sociedade. [...] equivalente a esta outra [afirmação]: em todo e qualquer feito existe uma dimensão de interesse público, no sentido de interesse que toca ao público, à população em geral[20].

Permite-se dizer que a paisagem social inclui o jurídico e o político, o que claramente leva à conclusão que não se está a tratar de um fenômeno, mas de uma finalidade ideal proposta ao processo do trabalho, que é satisfazer os objetivos sociais, jurídicos e políticos de seu próprio sistema.

Delimitando tal meta para a fase executiva do processo do trabalho, vislumbra-se no cumprimento efetivo e célere da sentença o maior desafio a superar para chegar ao resultado final, que é a satisfação do direito do exeqüente. Os anseios processuais, neste caso, estão em perfeita sintonia com os anseios da sociedade, que, de forma expectante, aguarda que o Judiciário faça valer rapidamente suas sentenças. O compromisso perante a sociedade encontra-se no mesmo grau de importância que o

---

18 Dinamarco explica na nota n. 112 que a expressão "atuação da vontade concreta da lei" é de Chiovenda, para quem *lei*, nessa locução, "está por direito: não se refere ao campo da *lei*, em sentido formal, mas de todas as formas de manifestação do direito (a partir da Constituição) e, mais amplamente ainda, tem-se em vista a vontade do próprio direito, considerando em sua estrutura tríplice". Vale a transcrição da idéia do mestre italiano: "De quanto se assentou, resulta que o objeto do processo é a vontade concreta da lei, cuja afirmação e atuação se reclamam, assim como o próprio poder de reclamar-lhe a atuação, isto é, a ação" (CHIOVENDA, Giuseppe. *Instituições de direito processual civil*. Trad. Paolo Capitanio. Campinas: Bookseller, 1998. v. 1. p. 71).

19 DINAMARCO, Cândido Rangel. *A instrumentalidade do processo*, p. 240.

20 BARBOSA MOREIRA, José Carlos. O processo, as partes e a sociedade. In: *Temas de direito processual —* oitava série. São Paulo: Saraiva, 2004. p. 32.

compromisso com o direito material que o processo se propõe a cumprir. É a relevância do caráter instrumental que a nova ordem processual (nem tão nova assim) se propõe a destacar.

O método instrumental, que neste estudo é voltado à esfera trabalhista, materializa-se pelo aprimoramento do próprio sistema pela perspectiva teleológica. As estruturas fundamentais do processo do trabalho, que são as mesmas do processo comum, não demandam estudos minuciosos, porque consolidados. Conceitos como os transcritos acima já receberam a carga necessária para imperar e dar sustentação ao sistema processual. A instrumentalidade, como método de trabalho[21], propõe a sensibilidade ao resultado prático desejado e aos anseios sociais. Nesse sentido, o processo trabalhista, tanto no conhecimento quanto na execução, deve permitir a maior penetração possível da carga valorativa de seus destinatários e do direito material tutelado.

A autonomia do processo trabalhista não deve significar o isolamento dos valores embutidos na norma material. Ao contrário, se a proposta é dar efetividade a tal regramento, a postura instrumentalista deve prevalecer para pensar no "processo de resultados"[22]. Daí a necessidade de buscar fórmulas aptas à simplificação processual, sem comprometer as garantias constitucionais do devido processo legal e do contraditório, entre outras não menos importantes.

Considerando que tutelar é proteger, quando o Estado exerce a proteção por meio de um de seus Poderes, o Judiciário, é válido falar em tutela jurisdicional, ou proteção jurídica, em leitura simplista. Todavia, doutrina especializada, de tanto manusear o conceito, orienta-se em duas grandes correntes: a dos que entendem que a tutela jurisdicional está ligada ao resultado do processo e a daqueles que, além do resultado, consideram os meios postos à disposição do jurisdicionado elementos integrantes da definição[23]. Sem desdouro da segunda concepção, a que considera

---

21 Conforme Dinamarco: "A visão instrumental que está no espírito do 'processualista' moderno transparece também, de modo bastante visível, nas preocupações do 'legislador' brasileiro da atualidade, como se vê na Lei dos Juizados Especiais, na Lei da Ação Civil Pública, no Código de Defesa do Consumidor e no Código de Defesa da Criança e do Adolescente (medidas destinadas à efetividade do processo). É indispensável que também o 'intérprete' fique imbuído desse novo 'método de pensamento' e sejam os juízes capazes de dar ao seu instrumento de trabalho a dimensão que os tempos exigem" (DINAMARCO, Cândido Rangel. *A instrumentalidade do processo,* p. 25).

22 Fiel aos ensinamentos do mestre Dinamarco, José Roberto dos Santos Bedaque fala no processo de resultados, para o qual "impõe-se a revisão de idéias concebidas à luz de outra realidade histórica. [...] O instrumento estatal de solução de controvérsias deve proporcionar, a quem se encontra em situação de vantagem no plano jurídico-substancial, a possibilidade de usufruir concretamente dos efeitos dessa proteção" (BEDAQUE, José Roberto dos Santos. *Efetividade do processo e técnica processual.* São Paulo: Malheiros, 2006. p. 17).

23 Daniel Roberto Hertel analisa as contribuições sobre o tema segundo as teorias de Liebman, Bedaque, Dinamarco, Marinoni, Zavascki e Yarshell, adotando a dos três primeiros, que, salvo tênues diferenciações, atrelam a tutela jurisdicional da efetividade do direito material perseguido por entender que se alinha às "diretrizes contemporâneas do direito processual de aproximação do processo ao direito e à realização do escopo jurídico da jurisdição" (HERTEL, Daniel Roberto. *Técnica processual e tutela jurisdicional.* Porto Alegre: Sérgio Antônio Fabris Editor, 2006. p. 55-66).

o resultado no plano do direito material é a que melhor comunga com o método instrumental que a atualidade requer. Portanto, para o objeto do presente estudo, "tutela jurisdicional é o conjunto de medidas estabelecidas pelo legislador processual a fim de conferir efetividade a uma situação da vida amparada pelo direito substancial"[24].

Logo, partindo da premissa acima, permite-se acrescentar, com o fito de adequar o conceito de tutela jurisdicional "executiva" à seara trabalhista, o elemento coercitivo que permite ao Estado invadir o patrimônio do devedor–executado para dar efetividade a uma situação consumada pelo direito material, qual seja, a satisfação do direito do credor–exeqüente. É esta o "desfecho único ou resultado típico"[25] do processo executivo, ou fase executória.

2. O direito material do trabalho como fator determinante da instrumentalidade em fase executiva

Fruto da Revolução Industrial, ocorrida na Inglaterra do século XVIII, o direito do trabalho, desde seu nascimento, está voltado para a luta contra a exploração do trabalho humano. O ideal de justiça foi desde a origem perseguido pelo direito do trabalho, em correção ao quadro que então se formava de uma classe mal remunerada e exposta a péssimas condições de trabalho, que, à custa do suor e do sangue, inclusive de crianças e adolescentes, contribuía para o enriquecimento e a acumulação de riqueza de seus patrões.

Coerente com suas raízes históricas, o direito do trabalho surgiu para corrigir injustiças e proteger os trabalhadores contra as forças econômicas, como meio de realização de valores sociais para preservar a dignidade do ser humano que trabalha.

Aliada a sua função protetora, permite-se falar na função integradora dos interesses entre o capital e o trabalho como forma de exercício de controle social. Considera-se imprescindível à vida em sociedade um ordenamento normativo aplicável às relações de trabalho como fator primordial ao progresso econômico e cultural, sem o qual seria instaurada "a anarquia ou o despotismo". Também considerados no particularismo da norma jurídica trabalhista são seus destinatários, tanto no plano individual (os sujeitos do contrato de trabalho[26]) quanto no coletivo (organizações

---

24 BEDAQUE, José Roberto dos Santos. *Direito e processo:* influência do direito material sobre o processo. São Paulo: Malheiros, 2006. p. 36.

25 Expressões utilizadas por Dinamarco para sustentar a afirmação de que, "quando realmente existir direito afirmado pelo exeqüente, será desígnio do direito objetivo, naquele caso concreto, a satisfação da sua pretensão deduzida para que o direito seja cumprido. Ao mesmo tempo em que atuada a vontade concreta do direito, também estará satisfeita a pretensão do exeqüente. Esta só será satisfeita, se e na medida em que coincidir com a vontade do direito no caso concreto" (DINAMARCO, Cândido Rangel. *Execução civil,* cit., p. 158).

26 Adotar-se-á a expressão "contrato de trabalho" como gênero do qual o contrato de emprego é espécie. A justificativa é que, com a Emenda Constitucional n. 45, a Justiça do Trabalho teve um alargamento de sua competência para apreciar, julgar e também *executar* (foco do presente trabalho) as sentenças que proferir, inclusive de relações de trabalho.

sindicais, representações não sindicais, grupos organizados ou inorganizados). Tal peculiaridade é determinante para o conteúdo das normas elaboradas[27].

A preocupação de corrigir injustiças, aliada à proteção da dignidade do ser humano trabalhador, foi o elemento essencial para a criação das primeiras leis de proteção nas relações jurídicas trabalhistas. Por essa razão, passou a ser a chave de entendimento para a elaboração do método instrumental em execução trabalhista. No caso, válido transcrever as palavras de *Pedro Casaldáliga*[28]:

> O próprio trabalho deve ser contemplado como um dos direitos e deveres humanos primordiais. O trabalho digno é um fator fundamental para a realização da pessoa como indivíduo, como família, como sociedade. E é também a salvaguarda da Natureza, fonte, por sua vez, âmbito e futuro do próprio trabalho. O Estado deve assumir com responsabilidade inalienável o trabalho digno de todos os seus cidadãos e cidadãs. Essa dignidade exige segurança, retribuição adequada e respeito às capacidades de cada trabalhador e trabalhadora.

Semelhante raciocínio tem *Amauri Mascaro Nascimento* quando aprega que o desenvolvimento do direito do trabalho e da

> [...] legislação intervencionista leva para a tutela da personalidade, da saúde, da segurança, do trabalhador em seu meio ambiente de trabalho, valores que a lei deve prestigiar e que não podem ser entregues à lei do mercado, sendo indispensável a atuação do Estado pelos seus mecanismos de administração pública do trabalho[29].

Pelo exposto, a responsabilidade do Estado deve manter-se inalienável no cumprimento dos preceitos expressos na Constituição Federal de 1988, que apregoam como objetivos fundamentais da Nação a construção de uma sociedade livre, justa e solidária; a garantia do desenvolvimento nacional, com a erradicação da pobreza. Assegurando que a dignidade da pessoa humana e os valores sociais do trabalho são fundamentos do Estado Democrático de Direito, prossegue no art. 5º, garantindo o livre exercício de qualquer trabalho, ofício ou profissão. Na ordem de preferência, coloca o trabalho depois da educação e da saúde, como direitos sociais fundamentais, e no art. 7º oferece um mínimo de direitos aos trabalhadores urbanos, rurais e equiparados, além de outros direitos que visem à melhoria das condições sociais.

Da perspectiva acima, os direitos trabalhistas integram a base de sustentação da sociedade brasileira. Por essa razão, não podem ser tratados como promessas, mas como válvulas de segurança e de garantia da coerência do próprio sistema

---

27 NASCIMENTO, Amauri Mascaro. *Teoria geral do direito do trabalho.* São Paulo: LTr, 1998. p. 59-60.

28 Bispo da Prelazia Amazônica de São Félix do Araguaia-MT de 1971 a 2005, Pedro Casaldáliga foi pioneiro nas denúncias da renitência do "trabalho escravo" no Brasil (Mensagem para a AMATRA XXIII. In: CESÁRIO, João Humberto (Coord.). *Justiça do Trabalho e dignidade da pessoa humana.* São Paulo: LTr, 2007).

29 NASCIMENTO, Amauri Mascaro. *Curso de direito processual do trabalho.* São Paulo: Saraiva, 2005. p. 89.

constitucional, daí seu caráter público e seu interesse social. Correta, via de conseqüência, a afirmação de que o direito do trabalho, ao propiciar "emancipação social e cidadania, garante o cumprimento das exigências constitucionais do Estado Democrático de Direito"[30].

Assente na doutrina que, do ponto de vista normativo, os direitos sociais são direitos fundamentais. Portanto, a idéia é buscar maior efetividade aos direitos fundamentais garantidores de condições dignas de trabalho. Permite-se uma extensão da interpretação para elevar, juntamente com os direitos previstos constitucionalmente, todos os outros previstos em normas inferiores, como a CLT, a Lei do FGTS, a Lei do Seguro-Desemprego, a Lei do Salário-Família, entre outras, à categoria de direitos fundamentais do trabalhador. Todo o conjunto de normas protetoras direcionadas às relações de trabalho previstas no ordenamento infraconstitucional devem entrelaçar-se com o princípio da dignidade da pessoa que trabalha, e, por isso, deve merecer, do ponto de vista processual, tratamento adequado, célere e efetivo.

A carga axiológica atribuída pelo legislador constituinte não deixa dúvidas acerca da importância do trabalho como extensão da personalidade humana e em constante expansão como tema de reflexão no que tange a sua tutela, refletido na Emenda Constitucional n. 45/2004, que ampliou a competência da Justiça do Trabalho para apreciar relações de trabalho em maior dimensão. Isso reforça a idéia de que tanto a legislação quanto a jurisdição são manifestamente protetoras do trabalhador, de regra economicamente em desvantagem.

A dignidade do trabalhador será inalcançável enquanto os direitos garantidos não tiverem o tratamento processual célere e efetivo, quando comprovadamente violados, sob pena de um dos pilares do Estado Democrático de Direito restar comprometido.

Enquanto o direito material do trabalho se destina a regular os conflitos de interesse de natureza individual e coletiva por meio de normas estatais e não estatais, o direito processual deve garantir a atuação dessas normas, em especial quando os destinatários não o façam espontaneamente. Logo, o desrespeito às normas trabalhistas protegidas pelo Estado acarreta uma anomalia que deve ser corrigida por seu instrumento. Portanto, o nexo entre o direito material e o processual do trabalho é indiscutível.

Quando submetidas à Justiça especializada, as anomalias são, ou deveriam ser, corrigidas por meio da fase investigativa de conhecimento como regra, e, ao depois, satisfeitas pela fase de execução. Em ambas, o intenso vínculo entre o direito material e o processual não pode ser ignorado.

---

30 A "emancipação" aqui referida pelo autor é explicada com base na ousadia e na combatividade, com as quais os movimentos progressistas conseguiram introduzir no sistema jurídico normas de proteção aos trabalhadores, que refletem a maioria da sociedade e, por isso, representam "a emancipação social em face do mercado obtida através do espaço democrático, do espaço da cidadania" (CASTELO, Jorge Pinheiro. *O direito material e o processual e a pós-modernidade*. São Paulo: LTr, 2003. p. 242).

A edificação de um sistema processual comprometido com a efetividade, em especial na fase executória, depende, necessariamente, da análise que se faz das carências do plano material. Considerando a natureza protecionista do direito do trabalho e a qualidade do crédito trabalhista, tem-se por certo que seu instrumento deve servir a seu objeto, visando ao resultado. No caso da execução só é possível um objeto: a satisfação do exeqüente.

Com isso, torna-se essencial a utilização do método instrumental em execução trabalhista, muito mais do que em fase de conhecimento, pois esta, pela própria disciplina celetista, demonstra em suas normas a inclinação para os resultados ao conferir ao trabalhador vantagens que visem ao equilíbrio processual. Dentre os juristas desse ramo, *Coqueijo Costa*[31], citando *Giovanni Tesorieri*, ressalta que, ainda que o

> [...] dador de trabalho e o trabalhador assumam no processo as vestes de partes, não cessam por isso de ser o que sempre terão sido; a história de suas relações não se transforma numa outra história; é a mesma, que continua.

Brilhante raciocínio nos traz o mestre italiano, citado por *Coqueijo Costa*, que há mais de trinta anos se inclinava para a instrumentalidade necessária em matéria trabalhista, ao pontuar que

> [...] direito e processo não são realidades distintas e separadas, [...]. O processo do trabalho não é qualquer coisa de externo e de estranho ao mundo substancial do trabalho, mas é aquele mesmo mundo num momento particular da sua organização[32].

Nesse sentido, também *Guillermo Cabanellas*[33] admite que o ramo instrumental do direito do trabalho, devido a seu caráter protecionista, deve ser distinto da Justiça ordinária, para que se resolvam, com a urgência necessária, os problemas de caráter alimentar que envolvem os pleitos do trabalhador.

Reclamante e reclamado, exeqüente e executado são denominações da prática forense para designar, na maciça maioria das reclamações trabalhistas, aquele que coloca sua força laborativa em prol daquele que dela se utiliza e que é transformado em "parte" de um processo que também se mostra protetor, porque indissociável de seu direito substantivo.

Exemplos da postura protetora que o direito processual confere podem ser verificados pelas normas que tratam da gratuidade do processo e da isenção de custas para o trabalhador, do impulso processual e do início da execução de ofício, entre outras medidas que revelam a intenção do legislador pátrio de conferir a desigualdade para a consecução da esperada isonomia entre as partes.

---

31 COQUEIJO COSTA, Carlos. *Op. cit.*, p. 13.
32 Idem.
33 CABANELLAS, Guillermo. *Compendio de derecho laboral.* 4. ed. Buenos Aires: Heliasta, 2001. t. 2. p. 762.

Para o bom desenvolvimento do processo trabalhista, exige-se o olhar sempre atento às realidades materiais e às novas conquistas sociais verificadas nos planos dos direitos legitimamente assegurados. Olhar este que deve, de forma precedente, ser iluminado pela concepção de que se trata de direitos fundamentais, inseridos no patrimônio da dignidade do trabalhador. Imprescindível, pois, que o procedimento e os modelos utilizados na seara desse ramo sejam adequados às relações materiais vivenciadas, e, desse modo, dêem cumprimento aos escopos jurídicos, sociais e políticos do processo.

Gelsi Bidart e *Vittorio Denti*, citados por *Dinamarco*, referindo-se especificamente ao processo civil, elaboram a crítica necessária e igualmente válida para o processo do trabalho, asseverando o primeiro que, se existisse maior identidade entre o direito processual e o material, se sentiria de modo célere e firme a urgência de atualização do direito processual, mas este tende a manter-se retardado. Ao que o segundo completa, justificando que a postura de *neutralidade* atribuída à ciência processual corresponde à época do liberalismo político, pois a aparência neutra apregoada se adequava à ideologia conservadora da qual a ciência jurídica havia colhido os princípios informadores[34].

Para que haja correta adequação do processo do trabalho ao método instrumental, há de pensar em sua flexibilização em função do direito material; do contrário, como instrumento de realização da justiça e de pacificação social, será ineficaz. É preciso a tomada de consciência no sentido de que instrumentalidade não se compatibiliza com neutralidade e indiferença quanto às necessidades constatadas no plano material. A flexibilização processual que aqui se propõe nem de longe se assemelha ao conceito de flexibilização comumente divulgado para o direito material do trabalho.

Apenas um comentário quanto ao tópico se faz necessário. Quando se fala em flexibilização das normas trabalhistas, correta a afirmação de *Oscar Ermida Uriarte* quando adverte que a *flexibilidade* do direito do trabalho pode ser definida como

> [...] eliminação, diminuição, afrouxamento ou adaptação da proteção trabalhista clássica, com a finalidade — real ou pretensa — de aumentar o investimento, o emprego ou a competitividade da empresa[35].

Diferente é a noção quando aplicada a seu instrumental, pois tornar flexível o processo do trabalho é adaptá-lo às exigências da causa[36], no momento e nas circunstâncias em que esta se encontra, sem perder de vista os propósitos jurídicos, sociais e políticos que o norteiam.

---

34 DINAMARCO, Cândido Rangel. *A instrumentalidade do processo*, p. 40.

35 URIARTE, Oscar Ermida. *A flexibilidade*. São Paulo: LTr, 2002. p. 9.

36 A tese tampouco é nova. Calamandrei, citado por Dinamarco e Bedaque em obras referidas *supra*, ensina que o princípio da adaptabilidade consiste na procura do procedimento mais capaz de conduzir ao provimento jurisdicional desejado, de modo eficiente e econômico e tão rapidamente quanto possível.

Partindo dessas premissas, forçoso afirmar que a missão da tutela jurisdicional executiva a partir do método instrumental é satisfazer o direito do exeqüente e transformar em realidade a justiça social e restaurar a dignidade da pessoa que trabalha. O valor do processo trabalhista em sua fase executória manifesta-se na medida de sua capacidade de fazer valer o comando judicial. Para tanto, o direcionamento para a linha do método que priorize a finalidade da norma trabalhista é fundamental para propiciar o resultado fático que a mesma norma confere.

Por certo que a missão da tutela jurisdicional executiva é satisfazer o direito do credor de forma célere e eficaz. Quando se fala em execução provisória no processo civil, estudiosos do tema consideram-na típico exemplo da aplicação do princípio da adaptabilidade ou da flexibilidade processual, porque implica a realização das funções de conhecimento e de satisfação, a um só tempo visando às necessidades materiais do litígio[37]. O mesmo raciocínio é defensável com muito mais vigor em processo do trabalho diante da natureza alimentar que caracteriza o crédito trabalhista refletido no título executivo. É na execução provisória, objeto nuclear desta pesquisa, que se permite adaptar o instrumento conforme as circunstâncias materiais do litígio.

---

37 BEDAQUE, José dos Santos. *Direito e processo*. São Paulo: Malheiros, 2006. p. 60.

CAPÍTULO III

AS FONTES SUBSIDIÁRIAS E A EXECUÇÃO TRABALHISTA

1. As fontes subsidiárias e a incompletude do ordenamento jurídico trabalhista

Em primeiro lugar, urge fazer breve menção ao que venha a ser o gênero *fonte* do direito processual do trabalho, para em seguida tratar de sua espécie fonte subsidiária. Segundo doutrina abalizada, fonte do direito é expressão figurada ou caso de *analogia metafórica*, porque "fonte é o ponto em que surge um veio de água. É o lugar em que ele passa do subsolo à superfície, do invisível ao visível"[1]. Logo, referir-se à fonte de uma regra jurídica equivale a falar do "ponto em que ela saiu das profundezas da vida social para aparecer na superfície do direito"[2].

As classificações das fontes são variadas segundo a perspectiva do autor: podem ser eminentemente jurídicas, filosóficas, históricas ou sociológicas. *Franco Montoro* utiliza-se da ótica jurídica para distinguir entre fontes formais e materiais. Nas primeiras, indicam-se comumente a legislação, o costume jurídico, a jurisprudência e a doutrina. As segundas referem-se à realidade social que origina o conteúdo do direito e os valores que este procura realizar, ressaltando o conceito amplo de justiça[3].

Para *Coqueijo Costa*, as fontes do direito processual do trabalho são:

> [...] a lei, as disposições regulamentares do Poder Executivo, *idem* dos órgãos corporativos, os usos e costumes processuais, a jurisprudência (notadamente a normativa, de súmulas e prejulgados), a doutrina processual do trabalho, pois uma teoria sobre cultura se incorpora ao mundo cultural, e na doutrina se inclui o direito comparado "aplicado"[4].

Modernamente, *Bezerra Leite* adota a classificação das fontes do direito processual do trabalho em *fontes materiais* e *fontes formais*, sendo estas subdivididas em *formais diretas, indiretas* e *de explicitação*. As materiais são as *fontes potenciais* e emergem

---

1 MONTORO, André Franco. *Introdução à ciência do direito*. São Paulo: Revista dos Tribunais, 2000. p. 322-324.
2 Du Pasquier, *apud* MONTORO, Franco. *Op. cit.*, p. 323.
3 MONTORO, Franco. *Op. cit.*, p. 323.
4 COQUEIJO COSTA, Carlos. *Op. cit.*, p. 17.

do próprio direito material do trabalho. As fontes formais diretas são as leis em sentido genérico (atos normativos e administrativos oriundos do Poder Público) e o costume; as formais indiretas são as provenientes da doutrina e da jurisprudência; as formais de explicitação são as integrativas, como a analogia, os princípios gerais do direito e a eqüidade[5].

Vale a lembrança de *Saad*: foi a Constituição do México de 1917 o primeiro diploma a abrigar normas processuais. No Brasil, a Constituição de 1946 por primeiro regulou a organização e a competência da Justiça do Trabalho[6].

Como fonte formal principal, temos a Constituição Federal de 1988 na categoria de norma fundamental, figurando notoriamente em primeiro lugar na ordem jurídica, ponto de partida e de chegada para a satisfação dos escopos processuais. Depois dela, na seara processual trabalhista, em ordem de importância, é a CLT que ocupa lugar de destaque, seguida de diplomas como, a título de exemplificação, a Lei n. 5.584/70, o Código de Processo Civil, a Lei de Executivos Fiscais (Lei n. 6.830/80), a Lei n. 7.701/88, entre outras.

O relato das raízes históricas da Justiça do Trabalho no Brasil bem evidencia que a execução de suas próprias sentenças não foi objeto de consideração senão após o Decreto n. 1.237/39. Do mesmo modo, na oportunidade de sistematização da CLT, a matéria referente à execução foi tratada de forma sintética, preferindo os legisladores da época a utilização da aplicação subsidiária de normas alheias, desde que compatíveis com o novo direito que ali se consolidava.

Com isso, desde sua origem, o direito processual do trabalho foi operacionalizado com base em normas oriundas da CLT e de fontes subsidiárias, como o Código de Processo Civil e o Decreto-lei n. 960/38, posteriormente revogado pela Lei n. 6.830/80.

O ideal seria a construção de um sistema processual próprio, inclusive em matéria de execução, apto a operar a norma substancial em suas peculiaridades, preservando a unidade do processo no que tange a conceitos fundamentais. Contudo, optou o legislador da época pelo descaso com o procedimento trabalhista perpetrado pelas legislaturas que se sucederam sem apreciação dos projetos elaborados que tivessem como propósito um Código de Processo do Trabalho. Tampouco leis esparsas, a exemplo das minirreformas que desde os anos 90 ocorrem no processo civil, são empreendidas no ramo trabalhista.

Há notícia de dezenas de projetos de lei aguardando tramitação no Congresso Nacional, que cada vez mais se mostra despreocupado com a evolução do sistema processual trabalhista. O número de projetos oriundos do *Pacto de Estado em favor*

---

5 LEITE, Carlos Henrique Bezerra. *Op. cit.*, p. 39-40.
6 SAAD, Eduardo Gabriel. *Direito processual do trabalho*. 4. ed. rev., atual. e ampl. por José Eduardo Saad e Ana Maria Saad Castelo Branco. São Paulo: LTr, 2004. p. 79.

de um Judiciário mais rápido e republicano revela o volume da produção dos agentes interessados e a manifesta ausência de agilidade dos agentes políticos que deveriam promover em concreto as iniciativas da sociedade organizada[7].

Enquanto as mudanças legislativas não chegam, urge rever posturas e leituras nas atuações operacionais do sistema então vigente, partindo do método instrumental.

Merece atenção o art. 8º da CLT ao estampar o comando autorizador da penetração da jurisprudência, da analogia, da eqüidade, dos princípios e normas gerais do direito, em especial do direito do trabalho, dos usos e costumes e, por fim, do direito comparado, com a ressalva expressa de que o interesse público há de prevalecer sobre interesse de classe ou particulares quando faltarem às autoridades administrativas e à Justiça do Trabalho disposições legais ou contratuais para decidir o caso concreto.

Considerando a relativização do binômio direito–processo, há de se pensar que o sistema jurídico trabalhista é constituído tanto por normas substanciais quanto processuais, e admite-se que situações concretas submetidas ao Estado-Juiz poderão ter como fundamento para seus julgados elementos externos a seu regramento. Sob essa perspectiva, andou bem o legislador das codificações do direito civil e processual civil ao permitir a abertura dos sistemas para o uso de tão importante ferramenta, no art. 4º da LICC e no art. 126 do CPC[8].

Ou seja, o art. 8º da CLT, seguramente inspirado pelas normas codificadas que o precederam, oferece uma ferramenta instrumental para que se atinjam os escopos processuais na aplicação dos direitos substanciais.

Se a meta proposta neste estudo é lançar novas luzes, utilizando-se do método instrumental, que busca o processo de resultados, há de aproximar o direito material

---

7 O *Pacto de Estado* é um documento político firmado pelo Presidente da República e pelos presidentes do STF, do Senado Federal e da Câmara dos Deputados, publicado no *DOU* de 16.12.2004, visando a apresentar projetos de reformas infraconstitucionais tendentes a combater a morosidade do Judiciário. Em matéria processual trabalhista: Projetos de Lei ns. 4.730/2004, 4.731/2004, 4.732/2004, 4.733/2004, 4.735/2004, 4.696/98, 7.077/2002, 6.541/2006 e 6.542/2006, que tratam de temas como dispensa de autenticação de documentos, alterações no processo de execução, redução das hipóteses de interposição de recurso de revista para o TST, redução das hipóteses de cabimento de embargos no TST, elevação do depósito recursal, exigência de depósito prévio para fins de ajuizamento de ação rescisória, elevação da taxa de juros incidente sobre créditos trabalhistas, regulamentação da figura da desconsideração da pessoa jurídica, instituição da Certidão Negativa de Débito Trabalhista — CNDT como meio indireto de satisfação dos créditos pendentes de pagamento da Justiça do Trabalho, na medida em que passa a ser exigida para realização de diversos negócios jurídicos e mercantis, instituição do Fundo de Garantia de Execuções Trabalhistas — FGET. Conforme pesquisa empreendida por CHAVES, Luciano Athayde. *A recente reforma no processo comum:* reflexos no direito judiciário do trabalho. 2. ed. São Paulo: LTr, 2006. p. 28-31.

8 Art. 4º da LICC: "Quando a lei for omissa, o juiz decidirá o caso de acordo com a analogia, os costumes e os princípios gerais de direito." Art. 126 do CPC: "O juiz não se exime de sentenciar ou despachar alegando lacuna ou obscuridade da lei. No julgamento da lide caber-lhe-á aplicar as normas legais; não as havendo, recorrerá à analogia, aos costumes e aos princípios gerais de direito."

do processual, porque os institutos deste devem estar em conformidade com as necessidades daquele.

A redação dos arts. 8º da CLT, 4º da LICC e 126 do CPC sustenta a construção doutrinária e filosófica segundo a qual o sistema jurídico brasileiro admite ter lacunas. Vale a referência do que se verifica nos sistemas francês e italiano, alicerçados sob o *dogma da completude*[9], dispondo o primeiro, no art. 4º do CC, que "o juiz que se recusar a julgar, a pretexto do silêncio, da obscuridade ou da insuficiência da lei, poderá ser processado como culpado de denegar a justiça". E o segundo, no art. 113 do CPC, ditando que, "ao pronunciar-se sobre a causa, o juiz deve seguir as normas do direito, salvo se a lei lhe atribuir o poder de decidir segundo a eqüidade". Isso leva à conclusão de que a completude se torna condição necessária para os ordenamentos em que valem esses tipos de regras.

Sem embargo do fato de haver consistente doutrina a entender pela inexistência de lacunas no ordenamento jurídico, não se fará o confronto entre ambas as correntes no presente estudo, sob pena de perigoso desvio de método e tema aqui a ser tratado. Do mesmo modo, não se fará o estudo das inúmeras classificações de lacunas, visto que cada estudioso possui a sua, conforme a metodologia criada e adotada. Não obstante, digno de registro que se fará opção expressa pela idéia de que o sistema admite lacunas sem ser lacunoso, porque as ferramentas para supri-las se encontram dentro do próprio sistema e não necessariamente fazem parte dele, podendo ser utilizadas para a satisfação dos escopos processuais.

Maria Helena Diniz ensina que o direito deve ser visto de forma dinâmica, como

> [...] realidade que está em perpétuo movimento, acompanhando as relações humanas, modificando-se, adaptando-se às novas exigências e necessidades da vida, inserindo-se na história, brotando do contexto cultural. [...] o sistema jurídico não tem um aspecto uno e imutável, mas sim multifário e progressivo. Querer um sistema jurídico único é uma utopia[10].

Tal afirmação é sustentada pela teoria tridimensional do direito de *Miguel Reale*, para quem o sistema jurídico é formado por subsistemas de normas, de valores

---

9 Com a riqueza de estilo que lhe é peculiar, Norberto Bobbio se utiliza da expressão "dogma da completude" e regride no tempo para lembrar que referido dogma é fruto da tradição românica medieval, quando o direito romano era tido como o Direito por excelência, e que nada havia a lhe retirar ou acrescentar. Percorre a história aduzindo que nos tempos modernos o dogma da completude serviu de elemento integrante da concepção estatal de direito, ou seja, servindo de arma de monopolização de Direito pelo Estado (BOBBIO, Norberto. *Teoria do ordenamento jurídico*. 10. ed. Brasília: Editora Universidade de Brasília, 1997. p. 118).

10 Na qualidade de aluna da Professora Maria Helena Diniz na disciplina Filosofia do Direito, oferecida no curso de pós-graduação da PUCSP, inevitável, ao beber da própria fonte, deixar de nos filiar à mesma construção jusfilosófica defendida pela Mestra, não obstante esta expressamente dizer que não exprime um pronunciamento final sobre o tema, razão pela qual considera a lacuna uma *aporia*, expressão utilizada por Theodor Viehweg para designar uma questão duvidosa, na qual ainda falta um caminho. Em resumo, a lacuna é questão fundamentalmente densa devido à problemática que a envolve (DINIZ, Maria Helena. *As lacunas no direito*. São Paulo: Saraiva, 2002. p. 109-118).

e de fatos correlacionados entre si. Quando há quebra dessa correlação ou isomorfia, que leva a uma incongruência ou alteração entre esses sistemas, temos uma lacuna e a conseqüente quebra dessa isomorfia. Por isso, forçoso concluir que o direito é aberto, porque a norma está sob constante influência dos fatos e dos valores, todos elementos do próprio sistema jurídico[11].

Nessa linha, e amparado pelas sólidas bases em que foi construído o raciocínio, tem-se para os fins deste estudo que três são as espécies principais de lacunas: *normativa*, quando se tiver ausência de norma sobre determinado caso; *ontológica*, quando a norma existente não corresponder aos fatos sociais; *axiológica*, quando a existência e a aplicação de uma norma não solucionam de forma justa ou satisfatória determinado caso.

Logo, o sistema jurídico aqui entendido, do qual o trabalhista pode ser considerado um microssistema, é aberto, incompleto e completável, porque o direito do trabalho, ou melhor, as relações que o constituem, e que merecem tutela, são dinâmicas, de múltiplos aspectos e implicam constantemente a necessidade de evoluir normativamente de modo a adequar-se aos conteúdos fáticos e axiológicos. Como o legislado e o negociado em matéria trabalhista muitas vezes se mostram insuficientes para solucionar os infinitos problemas das relações laborais, o próprio dinamismo do direito oferece os instrumentos para os operadores.

Quando se fala nas normas processuais trabalhistas dispostas na CLT, como já mencionado em capítulo anterior, há uma limitação de artigos no que tange à fase de execução, o que permite concluir que o sistema foi concebido na certeza de sua incompletude, dispondo logo de início a regra do art. 8º e, em seguida, as regras dos arts. 769 e 889 da CLT.

Melquíades Rodrigues Martins já dizia que a aplicação subsidiária de outras normas vigora tanto no direito material como no processual. Quanto a este, em particular, o autor foi categórico ao pronunciar-se no sentido de que

> [...] as normas relativas ao processo do trabalho nem sempre atendem aos anseios dos jurisdicionados, por serem insuficientes, incompletas ou defeituosas, motivando por essa razão a utilização da fonte subsidiária, quando necessária[12].

Wagner Giglio entende que a regulamentação da execução pela CLT é "muitíssima lacunosa"[13]. Para *Luciano Athayde Chaves*, o art. 769 da CLT "reconhece, ao menos em tese, a incompletude do ordenamento jurídico-processual do trabalho ao permitir que o intérprete lance mão do processo comum", ao que o estudioso magistrado reclama atenção para o alcance da expressão "processo comum", o que autoriza o

---

11 DINIZ, Maria Helena. *As lacunas do direito*, p. 72-95.
12 MARTINS, Melchíades Rodrigues. Vício de citação. *Revista de Direito do Trabalho*, ano 27, São Paulo: Revista dos Tribunais, jan.-mar. 2001, n. 101, p. 65.
13 GIGLIO, Wagner. *Direito processual do trabalho*, p. 517.

operador do direito a buscar em outros diplomas integrantes do sistema jurídico normas aptas a sua complementação[14].

Na definição peculiar e ampla de *Jorge Pinheiro Castelo*, o art. 769 da CLT é "pós-moderno ao reconhecer a incompletude do sistema, que, por não se considerar definitivo, permite absorver qualquer novidade de outros ramos"[15].

Na verdade, a principal porta de entrada para a subsidiariedade e a permissão de utilização de métodos para integração da norma no processo do trabalho é o art. 8º da CLT, e os que se pode chamar de portas secundárias são os arts. 769 e 889 da CLT[16], que fazem referência expressa às fases processuais de conhecimento e de execução. No primeiro dispositivo, têm permissão de aplicabilidade, em casos de omissão e quando compatíveis, as normas de direito processual comum; no segundo, os preceitos que regem o processo dos executivos fiscais para cobrança da dívida ativa da Fazenda Pública.

Com isso, tem-se por disposição expressa da norma celetista o processo comum e a lei que cuida dos executivos fiscais como fontes subsidiárias do processo trabalhista, meios permitidos para que os operadores do direito possam suprir as espécies de lacunas do viés instrumental. Pela especificidade contida no art. 889 da CLT, vislumbra-se o privilégio da Lei dos Executivos Fiscais sobre o processo comum no que tange à execução.

Na verdade, os operadores do direito processual do trabalho vêm assistindo às reformas pelas quais o processo civil se adapta às necessidades sociais e se socorrem destas naquilo que se mostra compatível com a seara trabalhista. Com isso, o ramo, que já ostentou o título de mais dinâmico e ousado, perde na corrida por um Judiciário mais comprometido com a celeridade e se vê, muitas vezes, a vestir um terno que não considerou suas peculiares medidas.

Inolvidável que, diante de tantas reformas no processo comum, não se pode mais interpretar e aplicar os arts. 769 e 889 da CLT de forma obsoleta, o que implica dizer em sua interpretação literal ou levando em conta o sentido gramatical de ambos. Por essa razão, torna-se indispensável a utilização do método instrumental para atingir os escopos sociais, políticos e jurídicos do processo do trabalho.

---

14 Recomenda-se a leitura de dois trabalhos desse autor: As lacunas no direito processual do trabalho. In: CHAVES, Luciano Athayde (Org.). *Direito processual do trabalho*: reforma e efetividade. São Paulo: LTr, 2007. p. 52-95. E *A recente reforma no processo comum*: reflexos no direito judiciário do trabalho. 2. ed. São Paulo: LTr, 2006. p. 242-251, em que, de forma científica e bastante didática, aborda o problema das lacunas de forma geral para, em seguida, transportar a problemática ao processo do trabalho, com apoio e ênfase na abordagem de Karl Larenz em *Metodologia da ciência do direito*. Lisboa: Calouste Gulbenkian, 2005.

15 CASTELO, Jorge Pinheiro. *Op. cit.*, p. 382.

16 "Art. 769. Nos casos omissos, o direito processual comum será fonte subsidiária do direito processual do trabalho, exceto naquilo em que for incompatível com as normas deste Título. [...] Art. 889. Aos trâmites e incidentes do processo de execução são aplicáveis, naquilo em que não contravierem ao presente Título, os preceitos que regem o processo dos executivos fiscais para a cobrança judicial da dívida ativa da Fazenda Pública Federal."

Com esse pensamento, vale citar intérpretes da norma trabalhista, como *Wolney de Macedo Cordeiro*, que edificam a doutrina processual do ramo, contribuindo para o aperfeiçoamento do sistema, ao declarar que as regras tradicionais de aplicação subsidiária dispostas na CLT se revelam *anacrônicas*, pois não há mais *superioridade finalística* das normas do processo do trabalho, e

> [...] todo ambiente sociojurídico atual conspira contra a vedação expressa da aplicação das normas do processo civil ao processo do trabalho, tendo em vista que aquelas, em muitas situações, tornaram-se mais aptas para resolver os litígios de índole trabalhista[17].

Por essa razão, deve-se rever o método de aplicação subsidiária da CLT para que as normas sejam valoradas não só pelos critérios de omissão e compatibilidade, mas também considerando o grau de eficiência dentro do próprio sistema processual e sua capacidade de promover uma prestação jurisdicional mais dinâmica.

O autor citado propõe a construção de novo método de aplicação das regras subsidiárias, conclamando os operadores a implantar uma forma de identificação de confronto de normas, ao classificá-las em hipóteses de: a) regulamentação inexistente; b) regulamentação referencial; c) regulamentação concorrente — que, pelo didatismo, merece atenção e aplicação por parte dos estudiosos da área.

Por *regulamentação inexistente* considere-se a situação clássica de omissão da norma trabalhista em determinado assunto. Exemplos típicos: intervenção de terceiros, reconvenção, antecipação dos efeitos da tutela, processo cautelar, ação de consignação em pagamento, entre outros procedimentos completamente inexistentes na CLT e que o intérprete irá aplicar conforme o caso — desde que compatíveis com os fundamentos ideológicos do processo do trabalho.

Por *regulamentação referencial* entenda-se a hipótese em que não há omissão. Todavia, a CLT, embora cuide do tema, não oferece tratamento sistematizado. Exemplos citados por *Cordeiro*: as modalidades de liquidação por cálculo, por arbitramento e por artigos do art. 879 da CLT, ação rescisória (art. 836), litisconsórcio (art. 843, *caput*), execução provisória (art. 899), entre outros.

Por fim, tem-se a *regulamentação concorrencial,* que se dá quando a existência de norma que regule determinada matéria, integral e sistematicamente, na CLT não é suficiente para a solução concreta, e, nesse caso, a norma do direito processual civil mostra-se mais apta a promover uma prestação jurisdicional rápida e efetiva. A título de exemplo, cite-se o art. 475-J, acrescentado ao CPC pela Lei n. 11.232/2005, e seu "concorrente", o art. 880 da CLT. Segundo o autor, ao dispensar a

---

17 Esse autor é juiz do trabalho da 13ª Região e chama de *regras tradicionais* a técnica de aplicação subsidiária do processo comum usando os dois procedimentos seqüenciais de omissão e compatibilidade. CORDEIRO, Wolney de Macedo. Da releitura do método de aplicação subsidiária das normas de direito processual comum ao processo do trabalho. In: CHAVES, Luciano Athayde (Org.). *Direito processual do trabalho*: reforma e efetividade. São Paulo: LTr, 2007. p. 36.

formação de nova relação processual executiva, possibilitar a intimação do executado na pessoa de seu advogado e, ao mesmo tempo, cominar pena pecuniária para o cumprimento de obrigação de pagar, o processo civil ganha em dinâmica e efetividade do processo do trabalho.

Apenas para incentivar posterior reflexão, visto que o foco neste momento é a execução provisória, mas considerando o acerto da comparação acima, há de se indagar sobre a possibilidade de adequação e sua conseqüente aplicação em seu todo, ou apenas a aplicação parcial do art. 475-J do CPC ao processo do trabalho. Isso porque o prazo de 48 horas do art. 880 da CLT é mais favorável ao credor trabalhista do que os quinze dias do CPC. Também se questiona se de fato há omissão, considerando o disposto no art. 883 da CLT, que trata da penhora imediata e não de multa, em caso de não-pagamento do valor devido. O fato é que não se pode ignorar a alteração, em parte mais benéfica, e caberá aos tribunais, como já vem ocorrendo, a interpretação e a futura uniformização dos entendimentos[18].

Pela criação de *Cordeiro* e fazendo um paralelo com a sistematização da teoria das lacunas de *Maria Helena Diniz*, é possível dizer que, em hipóteses de quebra da isomorfia ou da correlação entre fato-valor-norma do sistema processual trabalhista, é possível utilizar os métodos de regulamentação inexistente e referencial nos casos

---

18 TRT. 23ª Região. Relator: Des. Tarcísio Valente. Revisor: Des. Roberto Benatar. Julgado em 22.05.2007 e publicado no *DJE* em 24.5.2007. AP. 00829.2003.003.23.00-7. *Ementa:* "INTIMAÇÃO DA PENHORA. OBSERVÂNCIA DA REGRA DO § 1º DO ART. 475-J DO CPC. VALIDADE DO ATO EXAMINADO SOB A LUZ DO DIREITO INTERTEMPORAL. Não merece acolhida a tese da Recorrente de que deve ser reputada nula a intimação da penhora feita por meio de seu advogado, com espeque no § 1º do art. 475-J do CPC, sob o fundamento de que essa norma não incide na hipótese pelo fato de ter passado a viger quando a execução em tela já se encontrava em curso. A diretriz dada pela hermenêutica jurídica ao intérprete é que a lei processual nova possui aplicação imediata, o que equivale a afirmar que atinge os processos em andamento no ponto em que se encontram, respeitando-se apenas a eficácia dos atos já praticados (exegese do art. 1.211 do CPC c/c o art. 6º da LICC). Cumpre, assim, validar o posicionamento adotado pelo Juízo monocrático, no sentido de proceder à intimação da penhora, de acordo com o comando do § 1º do art. 475-J do CPC, uma vez que referido ato foi concretizado, quando já se encontrava em plena vigência a norma em comento." Disponível em: <www.trt23.gov.br> Acesso em: 25 jul. 2007.

Data de julgamento: 22.3.2007. Relator(a): Marcelo Freire Gonçalves. Revisor(a): Adalberto Martins. Acórdão n. 20070206001. Proc.02563-1998-052-02-00-3. Ano. 2007. Turma: 12ª. Publicação: 13.4.2007. Ementa: "Agravo de petição. Multa prevista no art. 475-J do CPC. Inaplicabilidade ao processo do trabalho. As disposições do Código de Processo Civil na fase de execução são aplicáveis subsidiariamente ao Processo do Trabalho apenas na hipótese de omissão da Consolidação das Leis do Trabalho e da Lei n. 6.830/1980, conforme art. 889 da CLT. No caso em questão não há omissão da CLT, eis que o art. 883 da CLT é enfático ao estipular que no caso do executado não pagar a quantia cobrada, nem garantir a execução, seguir-se-á a penhora de bens suficientes ao pagamento do valor executado, não havendo qualquer previsão de multa processual no caso de inadimplemento do valor cobrado, o que por si só desautoriza a utilização subsidiária do art. 475-J do CPC. Por fim, vale acrescentar que a disposição contida no art. 475-J do CPC é absolutamente incompatível com a execução trabalhista, pois enquanto nesta o art. 880 da CLT concede ao executado o prazo de 48 horas para pagar a dívida ou garantir a execução, naquele dispositivo do CPC o prazo é de 15 dias. Assim, por qualquer ângulo que se examine a questão fica evidente a incompatibilidade do art. 475-J do CPC com a execução trabalhista". Disponível em: <www.trt2.gov.br> Acesso em: 25 jul. 2007.

de lacuna normativa, e de regulamentação referencial e concorrencial nos casos de lacuna axiológica e ontológica.

Feitas as considerações acima, convém cuidar dos fundamentos, ideologias, propósitos e fundamentos das principais fontes subsidiárias em matéria de execução trabalhista para, na seqüência, avaliar qual o melhor caminho a perseguir para vistas a satisfazer os escopos do processo do trabalho, utilizando-se para tanto da execução provisória.

2. Alcance da expressão "processo comum"

A redação do art. 769 da CLT utiliza a expressão "direito processual comum" como fonte subsidiária do direito processual do trabalho. Vale então indagar do alcance de tal expressão. Sem demandar muitos questionamentos, para a teoria geral do processo faz-se a diferenciação entre o ramo comum, do qual deriva o civil, o trabalhista, o constitucional, o administrativo, etc., para diferenciá-lo do penal, que possui, em um dos seus pólos contrastantes, uma pretensão punitiva do Estado[19]. A princípio, excluindo o ramo do direito processual penal, o comum poderá ser aplicado ao viés trabalhista se com este for compatível.

Correto dizer que é o processo civil o diploma que mais acode o direito processual do trabalho. Foi essa mesma a intenção do legislador celetista da década de 40 ao se valer da subsidiariedade para se aproveitar da consistente base edificada no primeiro Código unitário de 1939.

Especificamente na fase de execução, como bem escreve *Amauri Mascaro Nascimento*, a atitude do legislador da época não poderia ser outra, visto ser inviável tratar de modo diferente figuras comuns. Tampouco seria necessário codificar temas que na verdade são utilizados tanto na esfera cível como na trabalhista. Cita o exemplo da penhora, que, seja na execução civil, seja na trabalhista,

> [...] é sempre o ato judicial pelo qual, por ordem do juiz, são apreendidos e depositados bens do executado, suficientes à segurança da execução. [...] razão pela qual a penhora não pode deixar de ser, no processo trabalhista, o que é no processo comum[20].

Desse modo, o processo civil sempre foi e continua a ser utilizado como fonte subsidiária principal do processo do trabalho, tendo o intérprete respeito pelos critérios de omissão e compatibilidade.

---

19 CINTRA, Antônio Carlos de Araújo; GRINOVER, Ada Pellegrini; DINAMARCO, Cândido Rangel. *Teoria geral do processo*. 20. ed. São Paulo: Malheiros, 2004. p. 49.

20 NASCIMENTO, Amauri Mascaro. Hibridismo das regras da execução, *cit*, p. 38.

Considerando a estrutura da execução trabalhista, *Rodrigues Pinto* entende que a supletividade do Código de Processo Civil se dá com maior intensidade nos *atos de acertamento* e *de alienação*, pois que, para os *atos de constrição*, o referido diploma cuida apenas de incidentes menores[21].

Amauri Mascaro Nascimento admite que, diante da especificidade do art. 889 da CLT, o Código de Processo Civil não poderia prevalecer sobre a Lei dos Executivos Fiscais. Todavia, na prática, este é mais aplicado, porque contém um sistema inteiro a reger a execução[22].

Mas há outros diplomas legais que merecem destaque, como a lei que instituiu os Juizados Especiais, n. 9.099/95, concebida sob os mesmos princípios informadores do processo trabalhista, como a celeridade, a oralidade, a informalidade, a simplicidade e a economia processual, com ênfase na conciliação, conforme dispõe o art. 2º da Lei. Portanto, como filial do procedimento trabalhista, carece de um estudo pormenorizado quanto a sua aplicabilidade. A instrumentalidade inegável da lei dos Juizados Especiais, naquilo em que corresponder ideologicamente ao processo do trabalho, poderá servir de subsídio a este, respeitados os critérios do art. 769 da CLT.

Como exemplo de aplicabilidade da Lei n. 9.099/95 à execução trabalhista, é possível citar o art. 53, que trata da execução de título extrajudicial. Na Justiça do Trabalho, são assim considerados o termo lavrado pela comissão de conciliação prévia e o termo de ajuste perante o Ministério Público do Trabalho no inquérito civil público. De acordo com o citado artigo da Lei n. 9.099/95, em seu § 2º, após a efetuação da penhora, o devedor será intimado a comparecer em audiência, e, nessa oportunidade, o juiz buscará o meio mais rápido e eficaz para a solução do litígio, se possível com a dispensa da alienação judicial, propondo a conciliação, o pagamento do débito a prazo ou em prestações, a dação em pagamento ou a imediata adjudicação do bem penhorado.

Medida, portanto, perfeitamente aplicável à CLT, primeiro porque omissa sobre a matéria e segundo porque corresponde aos critérios de celeridade na efetivação do direito do exeqüente, o que a torna compatível com o processo trabalhista.

Do mesmo modo, o Código de Defesa do Consumidor, Lei n. 8.078/90, é diploma que não pode ser ignorado pelo processo do trabalho, por sua íntima relação com fundamentos das normas de direito material do trabalho que serviram de fonte

---

21 O autor divide a estrutura dos atos executórios da sentença trabalhista em: a) atos de acertamento: aqueles que visam a dar liquidez à sentença que transitou em julgado; b) atos de constrição: os que forçam o devedor a cumprir a obrigação imposta pela coisa julgada ou títulos extrajudiciais; e c) atos de alienação: aqueles que tornam efetiva a satisfação do credor, que vai da avaliação dos bens penhorados à satisfação do exeqüente (RODRIGUES PINTO, José Augusto. *Execução trabalhista*. 11. ed. São Paulo: LTr, 2006. p. 61-62). Nesse sentido também TEIXEIRA FILHO, Manoel Antonio. *Op. cit.*, p. 77-84, que se diferencia apenas no uso do termo "quantificação" em lugar de "acertamento".

22 NASCIMENTO, Amauri Mascaro. *Curso de direito processual*, p. 539 e 545.

inspiradora no que tange aos valores axiológicos a que visa tutelar. Perfeitamente possível, assim como faz *Jorge Pinheiro Castelo*, traçar um paralelo entre o direito do trabalho e o direito do consumidor, porque ambos possuem função política, social e jurídica de proteção do hipossuficiente contra a "mais-valia empresarial". Na verdade, ambos cuidam das relações nas quais não há igualdade entre as partes contratantes, mas real sujeição ou vulnerabilidade de uma das partes à vontade e ao poder econômico da outra[23].

Partindo dessa premissa, o citado autor ressalta que, diante da permissão para a penetração do *direito comum* disposta nos arts. 8º e 769 da CLT, se deva buscar, preferencialmente, o Código de Defesa do Consumidor — CDC, e, de forma complementar e paralela, o Código Civil, pois este conhece "sujeitos jurídicos iguais, que por livre e mútua decisão celebram contratos entre si, não o trabalhador em sua inferioridade de poder diante do empresário". Cita entre os exemplos a hipótese de regulação expressa e sistematizada que traz o CDC, no art. 28, sobre a desconsideração da personalidade jurídica, instituto largamente utilizado na seara laboral[24].

Wagner Giglio é outro defensor da aplicação do CDC de forma subsidiária ao processo do trabalho, porque acredita na aproximação entre os dois diplomas, em especial pela premissa de desigualdade entre as partes da demanda[25].

Em sentido contrário, *Amauri Mascaro Nascimento* entende que o CDC "seria subsidiariamente aplicável se houvesse adequação, o que não nos parece ocorrer com os seus dispositivos processuais quanto ao processo individual trabalhista"[26].

De fato, as disposições processuais do CDC prezam pela defesa dos interesses individuais e difusos, coletivos e individuais homogêneos nas relações de consumo, o que ressalta sua natureza de proteção processual coletiva. Todavia, também o direito processual do trabalho possui instrumentos de tutela coletiva, motivo pelo qual o trabalhador e o empregador serão considerados de forma coletiva, como categorias organizadas e com procedimento mais simplificado que o individual, dispensando instrução probatória e inquirição das partes e de testemunhas. Inegável, com respeito a opiniões em contrário, que também o CDC pode servir ao processo do trabalho, inclusive o coletivo, máxime por conter o permissivo do art. 84, comumente utilizado nas ações civis públicas[27].

---

23 CASTELO, Jorge Pinheiro. *Op. cit.*, p. 194-195.

24 *Ibidem*, p. 226 e 227.

25 GIGLIO, Wagner. *Direito processual do trabalho*, p. 519.

26 NASCIMENTO, Amauri Mascaro. Hibridismo das regras da execução. In: DALLEGRAVE NETO, José Affonso; FREITAS, Ney José (Coords.). *Execução trabalhista*, cit., p. 38.

27 "Art. 84. Na ação que tenha por objeto o cumprimento da obrigação de fazer ou não fazer, o juiz concederá a tutela específica da obrigação ou determinará providências que assegurem o resultado prático equivalente ao do adimplemento. § 1º A conversão da obrigação em perdas e danos somente será admissível se por elas optar o autor ou se impossível a tutela específica ou a obtenção do resultado prático correspondente. § 2º A indenização por perdas e danos se fará sem prejuízo da multa (art. 287 do Código de Processo Civil).

3. Lei de Executivos Fiscais

Antes da entrada em vigor do primeiro Código processual unitário da República do Brasil, o Governo promulgou o Decreto-lei n. 960, de 17 de novembro de 1938, que regulamentava em todo o território nacional a cobrança judicial da dívida ativa da Fazenda Pública. De relevo ressaltar que, na época, o Decreto-lei n. 960/38 era avançado em comparação com as codificações estaduais que cuidavam do processo comum.

O Decreto-lei n. 960/38 cuidava da cobrança judicial da dívida ativa da Fazenda Pública (União, Estados, Municípios, Distrito Federal e Territórios), em todo o território nacional, por ação executiva, na forma que a lei preconizava, com evidente celeridade na fase de citação e penhora, em manifesto privilégio do crédito público. A citação inicial era requerida em petição instruída com a certidão da dívida, e, quando necessário, fazia-se por mandado para que o réu pagasse incontinênti a importância exigida, sob pena de no mesmo mandado se proceder à penhora de bens. Caso o devedor não fosse encontrado, pelo mesmo mandado se procedia ao seqüestro, independentemente de justificação. Se dentro de dez dias não fosse ainda encontrado para ser intimado, tudo mediante certificação do oficial, expedia-se o edital; findo o prazo, o seqüestro convertia-se em penhora.

Nessa época, vale relembrar que o direito do trabalho vivia no Brasil seu *terceiro momento*[28], caracterizado pela instituição das Juntas de Conciliação e Julgamento, embora sem o poder de executar suas próprias sentenças, socorrendo-se da Justiça Comum para tanto.

O Decreto-lei n. 1.239/39, regulamentado pelo Decreto n. 6.596/40, é o marco do procedimento trabalhista ao dispor sobre as primeiras regras processuais do então direito novo. Não obstante se tenha utilizado das vigas mestras do direito processual comum, demonstrou para a época um avanço incalculável, diferenciando-se

---

§ 3º Sendo relevante o fundamento da demanda e havendo justificado receio de ineficácia do provimento final, é lícito ao juiz conceder a tutela liminarmente ou após justificação prévia, citado o réu. § 4º O juiz poderá, na hipótese do § 3º ou na sentença, impor multa diária ao réu, independentemente de pedido do autor, se for suficiente ou compatível com a obrigação, fixando prazo razoável para o cumprimento do preceito. § 5º Para a tutela específica ou para a obtenção do resultado prático equivalente, poderá o juiz determinar as medidas necessárias, tais como busca e apreensão, remoção de coisas e pessoas, desfazimento de obra, impedimento de atividade nociva, além de requisição de força policial."

28 Conforme classificação de Orlando Gomes e Elson Gottschalk, o primeiro período vai da independência até a abolição da escravatura, em 1888, ressaltando-se o Código Comercial de 1850, que incluiu alguns institutos consagrados pelo direito do trabalho; o segundo período vai de 1888 a 1930, caracterizado por leis garantidoras de liberdade de associação e sindicalização; o Código Civil de 1916, que tratou da locação de serviços no puro estilo clássico romanista; a lei sobre acidentes do trabalho, Caixas de Pensões e Aposentadorias, férias, entre outras. O terceiro e último período teve início com a Revolução de 1930 e continua em marcha, com a forte presença das Constituições de 1934 até a Carta de 1988; a criação das Comissões Mistas de Conciliação, em 1932, e a instituição da Justiça do Trabalho, em 1939. GOMES, Orlando; GOTTSCHALK, Elson. *Curso de direito do trabalho*. Rio de Janeiro: Forense, 2003. p. 4.

do ramo civil, originando com este a grande dicotomia vivida por décadas, traduzida pelos avanços no que tange à aplicação dos princípios da oralidade, celeridade e concentração de atos, na ampla liberdade aos magistrados, inclusive com a possibilidade de início da execução de ofício; nas notificações postais, inclusive na citação; na imediatidade entre o juiz e a prova; na inadmissibilidade de recursos das decisões interlocutórias, entre outros.

A sistematização que deu corpo à CLT em 1943, como dito em linhas pretéritas, repetiu em matéria de execução o decreto citado, com poucas alterações trazidas pelo Decreto n. 6.596/40, que também prescrevia, em seu art. 69, posterior art. 769, da CLT, a aplicação subsidiária das normas do processo comum, exceto quando incompatíveis, mantendo também abertura no sistema para a utilização subsidiária da Lei dos Executivos Fiscais por meio do art. 889 da CLT.

O Decreto-lei n. 960/38 teve vigência plena até a promulgação do Código de Processo Civil de 1973, que incluiu a execução fiscal ou ação de execução fiscal na sistemática do processo de execução nele estruturado, revogando o decreto anterior. Portanto, de 1973 até a promulgação da Lei n. 6.830, de 22 de setembro de 1980, o processo comum foi a única fonte subsidiária da execução trabalhista.

Válida foi a indagação sobre estar o art. 889 da CLT também revogado, por força do ocorrido com o Decreto-lei n. 960/38. *Amauri Mascaro* pronuncia-se no sentido de que houve a perda da eficácia, posteriormente restabelecida pela Lei n. 6.830/80[29]. *Manoel Antonio Teixeira Filho* não considera a hipótese de revogação, porque normas próprias do processo comum não poderiam ter "eficácia derrogante" em matéria trabalhista, e, na ocasião, o que ocorreu foi a "perda do objeto, de substância ontológica", defendendo a vigência do art. 889 da CLT[30].

Com o advento da Lei n. 6.830/80, o art. 889 da CLT recuperou sua eficácia ou seu objeto, e não houve dúvida de que o novo diploma serviu de fonte subsidiária para a execução trabalhista. Todavia, correta a afirmação de *Wagner Giglio*, que entende de forma restrita tal aplicação. Explica o ilustre jurista que, quando o art. 889 da CLT se refere ao "*processo dos executivos fiscais*", está excluindo a aplicação das normas de cunho material contidas em bom número na Lei n. 6.830/80, porque incompatíveis com a expressa previsão da CLT que trata de processo. De modo que apenas os artigos que cuidam da operacionalização processual da Lei de Executivos Fiscais são aplicados ao processo do trabalho[31].

Da análise do art. 1º da Lei n. 6.830/80, percebe-se que esta também se serve subsidiariamente do processo civil e mantém as premissas deste, voltada essencialmente

---

29 NASCIMENTO, Amauri Mascaro. Hibridismo das regras da execução. In: DALLEGRAVE NETO, José Affonso; FREITAS, Ney José (Coords.). *Execução trabalhista*, p. 37.

30 TEIXEIRA FILHO, Manoel Antonio. *Op. cit.*, p. 65. Nesse sentido também GIGLIO, Wagner. *Direito processual do trabalho*, p. 526.

31 GIGLIO, Wagner. *Direito processual do trabalho*, p. 526.

para o interesse da satisfação da receita pública. Por entender que o crédito da Fazenda Pública necessitava de regramento mais privilegiado e célere, tendo em vista a realização do crédito público, o legislador previu, mantendo a sintonia com o antigo e revogado Decreto-lei n. 960/38, por exemplo: citação pelo correio e por edital, outras alternativas de garantia do juízo, ordem na penhora, avaliação, alienação e adjudicação, publicações, reunião de execuções, fraude de execução, suspensão da execução sem o transcurso do prazo prescricional, entre outras disposições que visam a alcançar, de forma especial, o interesse público.

Como de costume e de belo em matéria de direito, houve quem criticasse severamente as inovações da Lei de Executivos Fiscais, por entender que padece ela de dois graves defeitos fundamentais: o primeiro seria a *descodificação* de um procedimento que já se integrara ao CPC; o segundo, o excesso de privilégios injustificados à Fazenda Pública, atritando com o princípio constitucional da isonomia, a "que não pode se furtar o próprio Estado, quando se coloca em situação em que nenhum motivo especial determina a usufruição de privilégios negados ao outro litigante"[32].

O fato é que a Lei n. 6.830/80 aperfeiçoou o processo executivo de cobrança de quantia certa, mas de forma restrita à execução fiscal, quando deveria ser estendida em caráter geral, residindo nesse ponto merecida crítica[33]. Não resta dúvida de que o tratamento célere e privilegiado concedido ao crédito público se adequou ao mesmo sentimento de que estava imbuído o legislador da década de 40 ao prever que o Decreto n. 960/38 seria mais eficaz ao processo do trabalho do que o regramento comum.

Na prática e na verdade, a Lei n. 6.830/80 possui inegável utilidade para os atos de constrição, naquilo em que a CLT é omissa e no tocante à suspensão do curso da execução até a localização de bens do devedor, sem fruição de prazo prescricional e possibilidade de desarquivamento dos autos para prosseguimento da execução, a qualquer tempo, na circunstância de localização de bens do devedor.

4. O tempo da execução trabalhista e o direito à razoável duração processual e aos meios que garantam a celeridade e sua relação com a execução provisória

Indiscutível a infinidade de estudos, em diversas áreas do conhecimento, sobre a questão do tempo. O ser humano, desde sua concepção, está ligado umbilicalmente

---

32 THEODORO JÚNIOR, Humberto. *Lei de Execução Fiscal:* comentários e jurisprudência. 10. ed. São Paulo: Saraiva, 2007. p. 4-5. O autor cita como exemplo de "discriminação odiosa" a intimação dos advogados das partes, ao exigir a Lei de Executivos que a intimação do representante da Fazenda seja sempre pessoal, enquanto o do executado continuará normalmente a ser intimado pela imprensa; do mesmo modo se dá com a substituição de bens penhorados, que ao executado só é permitida em casos restritos e à Fazenda é franqueada em termos amplíssimos, sem qualquer motivação ou critério.

33 THEODORO JÚNIOR, Humberto. *Op. cit.*, p. 4-5.

ao fator tempo. Viver, nascer, crescer, desenvolver-se e morrer: verbos que podem ser conjugados de forma cíclica, a partir do tempo e com o tempo. Sendo o direito, a norma jurídica, o processo e o procedimento criações humanas, não poderiam isentar-se, em algum momento, da luta ora contra o tempo, ora a favor do tempo. Ocorre que o tempo de cada um é único, pessoal e intransferível. Concomitantemente, esse mesmo tempo é de todos e de ninguém.

Partindo da visão humanista vivida na Palestina aproximadamente no ano 150 a.C., encontramos no Livro do Eclesiastes reflexões sobre temas comuns da sabedoria oriental. Entre eles se aborda o tempo, antecedido e procedido por outros assuntos de importância fundamental, inclusive para o presente estudo, como o trabalho humano e o direito:

Diz o capítulo 3, 1-11:

> Tempos e duração — Há um momento para tudo e um tempo para todo propósito debaixo do céu. Tempo de nascer, e tempo de morrer; tempo de plantar, e tempo de arrancar a planta. Tempo de matar, e tempo de curar; tempo de destruir, e tempo de construir. Tempo de chorar, e tempo de rir; tempo de gemer, e tempo de bailar. Tempo de atirar pedras, e tempo de recolher pedras; tempo de abraçar, e tempo de se separar. Tempo de buscar, e tempo de perder; tempo de guardar, e tempo de jogar fora. Tempo de rasgar, e tempo de costurar; tempo de calar, e tempo de falar. Tempo de amar, e tempo de odiar; tempo de guerra, e tempo de paz. Que proveito o trabalhador tira de sua fadiga? Observo a tarefa que Deus deu aos homens para que dela se ocupem: tudo o que ele fez é apropriado em seu tempo. Também colocou no coração do homem o conjunto do tempo, sem que o homem possa atinar com a obra que Deus realiza desde o princípio até o fim [...] Observo outra coisa debaixo do sol: no lugar do direito encontra-se o delito, no lugar da justiça, lá se encontra o crime[34].

No capítulo anterior ao trecho citado, no versículo 24, o autor finaliza a reflexão afirmando ver a mão de Deus na felicidade do homem por satisfazer suas necessidades de comida e bebida desfrutando do produto de seu trabalho.

Portanto, verifica-se que a humanidade se preocupa com o fator tempo e sua duração desde eras longínquas, conjugando-os com assuntos que se mantêm como patrimônios comuns da vida humana. São exemplos o direito, o trabalho e a satisfação de necessidades elementares.

Válida e atual é a reflexão de *Santo Agostinho* sobre o tempo quando afirmava: "Sei o que é o tempo, mas se alguém me pede que o explique, já não sei"[35].

Feitas essas reflexões iniciais sem qualquer pretensão filosófica, apenas para que o leitor perceba que a categoria tempo é imprescindível para a vida humana,

---

34 BÍBLIA DE JERUSALÉM. São Paulo: Paulus Editora, 2004. p. 1074.
35 Comentários do Padre Raniero Cantalamessa, Ofmcap. — pregador da Casa Pontifícia — sobre a liturgia do domingo 22.7.2007. Disponível em: <www.cancaonova.com> Acesso em: 23 jul. 2007.

impõe-se na seqüência discorrer brevemente sobre o tempo do processo trabalhista, em especial o tempo da execução.

Pois bem. Num país de extensão continental, com realidades culturais e econômicas que variam conforme a região, torna-se impossível equacionar a questão do tempo de modo isonômico sem levar em consideração as peculiaridades sócio-econômicas-políticas de cada Estado e seus reflexos no Judiciário especializado.

O processo trabalhista deveria ser rápido. Verbas alimentares estão em jogo e dependem de soluções rápidas. Todavia, a multiplicidade de elementos externos ao processo, como a alta litigiosidade, o complexo estrutural do Poder Judiciário, a economia local, a saúde financeira das empresas reclamadas, a conduta das partes, dos procuradores, dos órgãos do Judiciário na condição de prestadores ativos de serviços, todos esses itens interferem na questão do tempo no processo trabalhista.

Reforçando sempre a idéia da proximidade entre direito material e processual do trabalho, insiste-se em afirmar que é responsabilidade do processo fazer atuar as normas materiais que cuidam das relações de trabalho e emprego do modo mais efetivo possível e no menor espaço de tempo. A demora da prestação jurisdicional gera efeitos que comprometem os escopos políticos, sociais e jurídicos do processo, originando prejuízos não só às partes interessadas, mas também a toda a coletividade que se apresenta como beneficiária final do poder estatal.

Fala-se também no efeito negativo que a demora no processo, em especial na fase de cumprimento da sentença trabalhista, gera para a economia. Isso porque, aqueles que devem acabam por se favorecer, pois que podem esperar e tudo têm a ganhar com a morosidade da Justiça em face daqueles que muito têm a perder com a demora — os exeqüentes reclamantes, que não raro se vêem obrigados a aceitar bem menos do que aquilo que a Justiça lhes garante em acordos desfavoráveis[36]. É a sujeição ao dito popular de que é melhor receber menos, mas ainda vivo, do que nada receber ou ainda deixar o crédito para os herdeiros.

Lucon desenvolveu a figura do "dano marginal" oriundo da demora do processo e os efeitos que podem gerar na vida das pessoas, aqui se aplicando de igual modo à demora na satisfação do credor trabalhista com pequenas variações: a) o *processo de depauperamento* do devedor precário, que, ou se livra dos bens de forma escusa ou, pela falta de saúde financeira, chega ao momento crucial do processo sem bens e sem qualquer patrimônio que possam garantir e pagar a execução; b) *a desvalorização monetária*; c) o

> [...] registro da demanda nos distribuidores, o qual, no campo dos direitos reais imobiliários, exerce, de modo menos enérgico, mas muitas vezes eficaz,

---

36 Esse raciocínio é comum tanto no processo civil italiano como no brasileiro, conforme se vê em Nicolò Trocker, citado por LUCON, Paulo Henrique dos Santos. *Eficácia das decisões e execução provisória*. São Paulo: Revista dos Tribunais, 2000. p. 170-171.

uma função análoga àquela do seqüestro conservativo, pois muitas vezes os bens das partes litigantes passam a ser considerados indisponíveis pelas demais pessoas estranhas ao processo.

Na seara trabalhista, isso pode ser traduzido pelo registro de penhora de bens de pouco ou nenhum valor comercial, veículos e imóveis de difícil comercialização, que não servem ao fim a que se destina ao processo, tampouco ostentam a qualidade de livres e desembaraçados para outros fins[37].

Não obstante o exposto, todo o processo foi concebido sob a noção do prazo. Há prazos para toda a "série ordenada de atos" processuais; há prazos para as partes e prazos para a prestação jurisdicional. Mas cada uma das Varas do Trabalho tem seu tempo para praticar atos administrativos e judiciários; cada parte tem seu prazo para a prática de atos; o juiz tem os prazos. O tempo do legislador, muitas vezes, desrespeitado e ignorado, torna-se impraticável[38].

Imprescindível ressaltar que valores como segurança jurídica e devido processo legal devam igualmente imperar na marcha processual, que deve durar o tempo necessário para que cada ato seja praticado sem o desvio de sua finalidade e, com isso, satisfazer seus objetivos.

Em matéria processual, ensina *Sálvio de Figueiredo Teixeira*, em pesquisa realizada por *Tucci*, que o tempo se apresenta de três formas:

> (a) o momento destinado à realização do ato: data, dia, hora; (b) o tempo hábil para a realização dos atos processuais (CPC, arts. 172 a 174); (c) o espaço temporal para a prática do ato, isto é, a duração entre dois momentos (chamados termos *a quo* e *ad quem*)[39].

Tucci ainda ressalta o aspecto intrínseco do *tempo do processo,* argumentando:

> [...] não é um tempo ordinário. Da mesma maneira que o espaço judiciário reconstrói um interior que encarna a ordem absoluta, o tempo do processo interrompe o desenvolvimento linear do tempo cotidiano. [...] O tempo do processo é um tempo inteiramente ordenado que permite à sociedade regenerar a ordem social e jurídica[40].

Hodiernamente, não surpreende a crescente preocupação, nos regimes democráticos de direito, com a duração do processo; tampouco se permite dizer que o tema é

---

37 LUCON, Paulo Henrique dos Santos. *Eficácia das decisões e execução provisória,* cit., p. 172.

38 A CLT estabelece diversos prazos que em algumas Varas são impraticáveis, devido ao volume de reclamações protocoladas diariamente. São exemplos os prazos para o rito sumaríssimo cujo valor do dissídio individual não exceda 40 vezes o salário mínimo: arts. 852-A a 852-I: prazo máximo de 15 dias para apreciação da reclamação após seu ajuizamento; 30 dias para o julgamento, na hipótese de a audiência ser interrompida por questões probatórias ou outro motivo relevante devidamente justificado nos autos pelo juízo.

39 TEIXEIRA, Sálvio de Figueiredo. *Tempo e processo.* São Paulo: Revista dos Tribunais, 1997. p. 30-31.

40 TUCCI, José Rogério Cruz e. *Tempo e processo.* São Paulo: Revista dos Tribunais, 1997. p. 26.

recente. No cenário internacional, que seguramente inspirou o legislador nacional constituinte, temos o art. 6º, I, da Convenção Européia para salvaguarda dos Direitos do Homem e das Liberdades Fundamentais, subscrita em Roma no dia 4 de novembro de 1950, prevendo:

> Toda pessoa tem direito a que sua causa seja examinada eqüitativa e publicamente num prazo *razoável*, por um tribunal independente e imparcial instituído por lei, que decidirá sobre seus direitos e obrigações civis ou sobre o fundamento de qualquer acusação em matéria penal contra ela dirigida [sem grifos no original].

Referido instrumento internacional originou a criação da Corte Européia de Direitos do Homem, com competência para interpretar e aplicar a Convenção respectiva, com número de juízes igual ao dos países-membros. Portanto, cada um dos Estados-membros pode interpor recursos, reclamando o desrespeito a qualquer previsão ou direito; principalmente, toda pessoa física, organização não-governamental ou empresa privada tem o direito de exigir da Corte a atenção a direito individual não atendido por parte de um Estado-membro. Com essa previsão, a Corte pode apreciar pedido de autor ou réu de um Estado-membro em determinado processo, pleiteando reparação por dano moral ou material sofrido em face do não-cumprimento do *prazo razoável de duração processual*, desde que o ordenamento interno do Estado infrator não preveja qualquer tipo eficaz de reparação ao dano. A Corte adotou três critérios para verificar o tempo razoável de duração de determinado processo: a complexidade do assunto, o comportamento dos litigantes e de seus procuradores e a atuação do órgão jurisdicional[41].

A Convenção Americana de Direitos Humanos, adotada e aberta à assinatura na Conferência Especializada Interamericana sobre Direitos Humanos em 22 de novembro de 1969 — Pacto de San José da Costa Rica —, ratificada pelo Brasil em

---

41 A Itália sofreu diversas condenações quando seu ordenamento não previa qualquer espécie de indenização no caso de infração desse direito. Foi então que, a partir da década de 90, a Itália passou a promover reformas na legislação constitucional e infraconstitucional, revertendo, então, esse quadro e cedendo à pressão exercida pela Corte Européia. Importante revelar que a Corte entende que a duração deve ser compreendida em seu todo, ou seja, não só a parte do processo de conhecimento, mas também a da satisfação do direito reclamado em juízo, ou isoladamente, em cada uma de suas fases. HOFFMAN, Paulo. *O direito à razoável duração do processo civil*. Dissertação de mestrado em Direito. São Paulo: PUCSP, 2004. p. 37-51. Digna de transcrição é parte do acórdão da Corte Européia, trazido na íntegra em TUCCI, José Rogério Cruz e. *Op. cit.*, p. 69-75, em julgamento ocorrido em 25.6.1987, em processo movido por autor em face do Estado-membro Itália, cujo processo em trâmite na Justiça italiana durou mais de 10 anos. "Excede os termos razoáveis de duração, prescritos pelo art. 6º, 1, da Convenção Européia para a Salvaguarda dos Direitos do Homem e das Liberdades Fundamentais, o processo não particularmente complexo, tanto em matéria de fato, quanto em matéria de direito, e que ainda não foi concluído depois de 10 anos e 4 meses de seu início. (...) A requerente provou, por outro lado, um prejuízo moral indenizável; ela viveu numa incerteza e numa ansiedade prolongadas quanto ao resultado e às repercussões do processo. (...) Por tal motivo, a Corte, à unanimidade, 1. Declara que houve violação ao art. 6º, 1; 2. Declara que o Estado demandado deve pagar à requerente 8.000.000 de liras a título de satisfação eqüânime; rejeita o pedido de indenização acima da condenação ora fixada."

25 de setembro de 1992 (Decreto n. 678, de 6.11.1992), reza, no art. 7º, item 5, que toda pessoa detida tem direito a ser julgada num prazo *razoável*; seu art. 8º, 1, preceitua:

> Toda pessoa tem direito de ser ouvida com as devidas garantias e dentro de um prazo razoável por um juiz ou tribunal competente, independente e imparcial, instituído por lei anterior, na defesa de qualquer acusação penal contra ele formulada, ou para a determinação de seus direitos e obrigações de ordem civil, trabalhista, fiscal ou de qualquer outra natureza.

O Pacto Internacional dos Direitos Civis e Políticos, ratificado pelo Brasil em 24 de janeiro de 1992, também dispõe, no art. 9º, item 3, que qualquer pessoa presa tem o direito de ser julgada em prazo *razoável*.

Na esteira das diretrizes internacionais, o Brasil, que já havia assinado o Pacto de San José na Costa Rica, andou bem ao incluir na Constituição Federal, em seu art. 5º, LXXVIII, que: "A todos, no âmbito judicial e administrativo, são assegurados a razoável duração do processo e os meios que garantam a celeridade de sua tramitação" (acrescentado pela EC n. 45, de 8.12.2004, publicada em 31.12.2004).

Sem tratar da instigante questão sobre a necessidade da emenda, uma vez que o Brasil já havia incluído em seu ordenamento o conteúdo da convenção por meio do Decreto n. 678/92, sua inserção no rol do art. 5º legitimamente eleva à nobre categoria dos direitos e garantias fundamentais a razoável duração do processo e os meios que garantam sua celeridade.

Convém buscar, de início, a origem dos vocábulos principais da norma constitucional, para que não reste qualquer dúvida quanto à intenção do legislador ao redigir o que parece ser a grande regra norteadora da instrumentalidade em matéria trabalhista.

Para "razoável", é possível encontrar seis significados: 1. Conforme à razão, ao direito ou à eqüidade. 2. Sensato, moderado. 3. Aceitável, suficiente. 4. Acima de medíocre. 5. Que não é excessivo. 6. Que não transpõe os limites do justo[42].

Por sua vez, *celeridade* significa ligeireza, presteza, rapidez, velocidade. Antônimo: lentidão[43].

Das diversas denominações para os termos "razoável" e "celeridade", conclui-se que o legislador pretendeu que um completasse o sentido do outro. Da forma como redigido o inciso LXXVIII do art. 5º, a Constituição estabeleceu como direito a *razoável* duração do processo para em seguida assegurar os meios *céleres* a sua tramitação.

---

42 Conforme definição do MICHAELIS: moderno dicionário da língua portuguesa, cit.
43 *Idem.*

Rui Barbosa, citado por *José Afonso da Silva*, diferenciava direitos de garantias, ensinando que os primeiros se caracterizam pelo conteúdo declaratório ou enunciativo, enquanto as garantias são reconhecidas pelo seu caráter instrumental, pois voltadas para a obtenção ou reparação dos direitos violados[44].

Logo, conclui-se que o escopo da norma constitucional é que toda conduta processual seja pautada dentro dos limites da razão, do justo e da eqüidade. Por sua vez, quando se fala em celeridade, pretende-se reconhecer a garantia, para a parte, de que o processo atingirá seu objetivo de modo rápido, com obediência aos prazos e sem *dilações indevidas*[45]. Portanto, as duas condutas se completam para que a norma seja obedecida pelo operador do direito, máxime em execução de crédito trabalhista de natureza alimentar.

No parágrafo anterior, foi empregada a locução "norma" constitucional, mas também poderia ter sido escolhida a expressão "princípio constitucional". No decorrer da exposição, o uso indistinto das duas expressões para se referir ao art. 5º, LXXVIII, da CF indica a visão clara de que princípios são espécies do gênero norma que compõe o sistema jurídico. Há de se destacar que se nos afigura enriquecedor o enfrentamento científico da questão dos princípios constitucionais e sua eficácia. Todavia, não cabe, nesta pesquisa, ir além da proposta inicial, de modo que apenas os contornos conceituais serão fixados, elegendo definições que melhor evidenciem o objetivo do presente trabalho.

Bobbio não tem dúvida de que,

> [...] se são normas aquelas das quais os princípios gerais são extraídos, através de um procedimento de generalização sucessiva, não se vê por que não devam ser normas também eles: se abstraio da espécie animal obtenho sempre animais, e não flores ou estrelas. Em segundo lugar, a função para a qual são extraídos e empregados é a mesma cumprida por todas as normas, isto é, a função de regular um caso. E com que finalidade são extraídos em caso de lacuna? Para regular um comportamento não-regulamentado: mas então servem ao mesmo escopo a que servem as normas expressas. E por que não deveriam ser normas?[46]

Os destinatários diretos do art. 5º, LXXVIII, da CF são todos aqueles que operam o direito, em especial os sujeitos da relação processual e toda a sociedade. A rápida solução do litígio no processo do trabalho, regra geral, interessa ao reclamante

---

44 SILVA, José Afonso da. *Curso de direito constitucional positivo.* 5. ed. São Paulo: Revista dos Tribunais, 1989. p. 183.

45 Entendam-se por dilações indevidas "os atrasos ou delongas que se produzem no processo por inobservância dos prazos estabelecidos, por injustificados prolongamentos das etapas mortas que separam a realização de um ato processual do outro, sem subordinação a um lapso temporal previamente fixado, e, sempre, sem que aludidas dilações dependam da vontade das partes ou de seus mandatários" (GARCIA, José Antonio Tomé. *Apud* TUCCI, José Rogério Cruz e. *Op. cit.*, p. 67).

46 BOBBIO, Norberto. *Op. cit.*, p. 158-159. Sobre o tema, destaque para as obras de SARLET, Ingo Wolfgang. *A eficácia dos direitos fundamentais.* 5. ed. Porto Alegre: Editora dos Advogados, 2005.

autor da ação. Todavia, não se pode desprezar a preocupação e o interesse do reclamado na duração do processo, em especial quando se põe em risco seu patrimônio.

O Estado também se coloca como destinatário direto da norma, por meio dos Poderes Executivo e Legislativo, que devem estabelecer critérios objetivos a declinar a razoabilidade genérica garantida pela Constituição. Por intermédio do Judiciário, o Estado deve assegurar, na prática, a razoável duração processual[47].

Indiscutivelmente, a sociedade é o ente destinatário final da norma, que atua diretamente, por meio do pagamento de impostos, taxas e outras modalidades de encargos e contribuições, para que o Estado cumpra seu papel como jurisdição efetiva e célere. A sociedade anseia por um Judiciário que faça valer suas sentenças, a fim de manter a segurança e a credibilidade na instituição.

Na verdade, a tarefa de conciliar razoabilidade e celeridade, na prática, não se apresenta de modo fácil. A preocupação com o tempo do processo gerou célebres frases, como a atribuída ao Conselheiro De la Bruyere: "A demora na administração da Justiça constitui, na verdade, pura denegação de justiça!"[48] Também a de *Barbosa Moreira*, que assim se pronunciou:

> Se uma Justiça lenta demais é decerto uma Justiça má, daí não se segue que uma Justiça muito rápida seja necessariamente uma Justiça boa. O que todos devemos querer é que a prestação jurisdicional venha a ser melhor do que é. Se para torná-la melhor é preciso acelerá-la, muito bem: não, contudo, a qualquer preço[49].

O anseio por uma Justiça célere é tema freqüente; na Justiça do Trabalho, assim como em todo o Judiciário, fala-se em *reengenharia*, que seria o "repensar e reestruturar processos e procedimentos para melhorar seus indicadores de desempenho, que são basicamente quatro: custo, qualidade, celeridade e quantidade" — é o que ressalta *Georgenor de Sousa Franco Filho*, que continua o discurso asseverando ser inolvidável a crise pela qual passa o Judiciário em sua missão de responder à demanda. O que prevalece, forçosamente, é

> [...] quantidade e não qualidade, mesmo porque as estatísticas não valorizam a complexidade das causas, cuja aferição é induvidosamente subjetiva e, por corolário, difícil demais de ser efetuada. O que a realidade evidencia atualmente é que o único fator de motivação para elevação da produtividade do juiz é sua consciência, à medida que sabe de sua responsabilidade e de seu poder[50].

---

47 OLIVEIRA, Roberto da Silva. *A garantia da duração razoável do processo e a celeridade processual penal.* Tese de doutorado em Direito. São Paulo: PUCSP, 2006. p. 53.
48 TUCCI, José Rogério Cruz e. *Op. cit.*, p. 15.
49 BARBOSA MOREIRA, José Carlos. O futuro da Justiça: alguns mitos. In: *Temas de direito processual —* oitava série. São Paulo: Saraiva, 2004. p. 5.
50 FRANCO FILHO, Georgenor de Sousa. Reengenharia do processo: produtividade e celeridade. *Revista do Tribunal Regional do Trabalho da 8ª Região*, v. 39, n. 76, jan.-jun. 2006, p. 40.

Recorde-se que os destinatários da norma constitucional são a sociedade e todos os que forem ligados à relação jurídica processual, mas espera-se daquele que possui o poder de decisão, o juiz, que o manejo da regra do art. 5º, LXXVIII, da CF, objetivando o resultado útil e final do processo.

Em execução trabalhista, o que se almeja é aplicar ao caso concreto a norma que melhor garanta ao processo a celeridade na satisfação do credor, sem desprezar os valores inerentes à segurança jurídica.

Por tudo, inegável que as alterações procedimentais pelas quais vem passando o processo de execução civil, em especial no que tange à execução provisória, correspondem ao justo interesse de entrega da prestação jurisdicional.

No 47º Congresso Brasileiro de Direito do Trabalho, promovido pela Editora LTr e realizado em São Paulo nos dias 25 a 27 de julho de 2007, *Carlos Henrique Bezerra Leite* afirmou que o processo do trabalho deve, mais do que nunca, apropriar-se do direito constitucional, como um "direito constitucional aplicado", uma meta a ser atingida para a efetividade desse ramo. Para tanto, necessário o ativismo judicial a fim de buscar na aplicação da norma constitucional do art. 5º, LXXVIII, a chave do entendimento para o emprego do CPC naquilo que este diploma trouxer de mais célere e eficaz ao procedimento trabalhista.

Bezerra Leite, sem dúvida, oferece válida contribuição ao apontar para o momento propício em que o processo trabalhista deve levantar a bandeira da instrumentalidade e reassumir sua posição de vanguarda e de comprometimento com a justiça social. No dizer de *Dinamarco*:

> É natural que, como instrumento, o sistema processual guarde *perene* correspondência com a ordem constitucional a que serve, inclusive acompanhando-a nas mutações por que ela passa[51]. [grifo no original]

Não há mais lugar e espaço para o retardamento e o preconceito "que considera o processo como mero instrumento técnico e o direito processual como ciência neutra em face das opções axiológicas do Estado"[52].

Ou o intérprete da norma processual trabalhista caminha no mesmo sentido da evolução constitucional, seguindo a interpretação axiológica dos textos, ou a justiça prestada será tardia, portanto denegada. De nada adianta a Justiça do Trabalho oferecer fácil acesso e tutelas específicas às partes e, ao mesmo tempo, não fornecer a satisfação efetiva dos direitos tutelados. Sem prescindir da boa técnica, deve o operador do direito processual do trabalho buscar sempre a rápida solução do litígio, e para tal missão a Constituição oferece excelente ferramenta instrumental que permite adequar o processo do trabalho a seu objeto, que é o direito material.

---

51 DINAMARCO, Cândido Rangel. *A instrumentalidade do processo*, p. 33.

52 *Ibidem*, p. 40.

Neste ponto, merece destaque a construção teórica de *Bedaque*, para quem

[...] a Constituição constitui um terreno de unificação entre esses dois planos (direito substancial e processo), quando declara não só o aspecto substancial do direito, mas também o da sua tutela, conferindo, a esta, garantia constitucional[53].

A perspectiva aqui abordada assegura que o direito processual do trabalho deve coordenar suas ações tendo em vista o direito material que visa a servir. Considerando o direito em sua dinâmica, o processo não pode ser diferente. Em socorro das partes da relação processual, apresenta-se uma chave poderosa de leitura, interpretação e aplicação do inciso LXXVIII do art. 5º da CF como suporte informativo, integrativo e normativo, aliado à norma processual a ser aplicada à execução trabalhista de modo a satisfazer os escopos processuais.

A satisfação do direito do credor trabalhista é o desfecho único da execução trabalhista, e para tanto seu instrumental deve buscar a máxima efetividade, porque atua os direitos sociais. Estes são entendidos não como promessas ou meras situações abstratas, mas como comandos que exigem instrumentos adequados, céleres e efetivos.

Inescusável, diante de todas as afirmações propostas até o momento, que o emprego do princípio da flexibilização no direito processual não implica despreocupação ou negligência quanto às garantias das partes, entre elas o contraditório, a ampla defesa e o devido processo legal, que, juntos e harmoniosamente comprometidos, garantem a chamada segurança jurídica, necessária ao bom andamento processual.

A meta a ser cumprida consiste em apresentar a execução provisória no processo do trabalho como meio eficaz para a consecução dos escopos processuais. Para tanto, o intérprete deve, sem receios, confiar na aplicação da norma que mais se adapte à relação substancial que lhe é apresentada, tendo como ponto de partida e de chegada o comando da Constituição que garante a todos a duração razoável do processo e os meios que garantam sua celeridade.

Por conta da inclusão na ordem constitucional do mandamento em estudo, torna-se desnecessária a aprovação do projeto de lei do Deputado Luiz Antonio Fleury, podendo a Casa Legislativa atentar para outras tantas propostas engavetadas, aguardando tramitação, que realmente venham a contribuir para a celeridade e razoável duração da execução trabalhista.

Referido projeto propõe que o art. 769 da CLT passe a ter a seguinte redação:

PROJETO DE LEI n. 7.152, de 30.05.2006. (Do Sr. LUIZ ANTONIO FLEURY)
Acrescenta parágrafo único ao art. 769 do Decreto-Lei n. 5.452, de 1º de maio de 1943, Consolidação das Leis do Trabalho – CLT. O CONGRESSO NACIONAL decreta:
Art. 1º O art. 769 do Decreto-Lei n. 5.452, de 1º de maio de 1943, Consolidação

---

53 BEDAQUE, José Roberto dos Santos. *Direito e processo*, p. 54.

das Leis do Trabalho – CLT, passa a vigorar acrescido do seguinte parágrafo único: *"art. 769 (...) parágrafo único: O direito processual comum também poderá ser utilizado no processo do trabalho, inclusive na fase recursal ou de execução, naquilo em que permitir maior celeridade ou efetividade de jurisdição, ainda que existente norma previamente estabelecida em sentido contrário."* (AC) Art. 2º Esta lei entra em vigor na data de sua publicação.

A justificativa para a alteração parte da premissa correta de que "medidas menos formais e mais céleres precisam ser imediatamente incorporadas" ao ramo instrumental trabalhista em virtude da natureza alimentar dos créditos, razão pela qual os avanços do processo civil devem ser aplicados. Afinal,

[...] não há sentido razoável ou lógico em se impedir de aplicar, justamente no processo que se pretende mais rápido e célere, as criações legislativas que combatam a morosidade ou os empecilhos à efetivação da jurisdição.

Não obstante, incorre em flagrante equívoco o argumento da Exposição de Motivos, segundo o qual

[...] as normas do processo civil poderiam ser aplicadas *apenas* em relação às disciplinas preexistentes. Assim, se o processo do trabalho resolver disciplinar de modo diferente uma determinada situação, *ainda que em confronto com a celeridade por todos buscada, esta solução, por mais recente, é que irá prevalecer*[54]. [sem grifos no original]

Em que pesem a boa vontade do autor e a premissa acertada, a incoerência do projeto se revela na intempestividade e irrelevância da proposta. É intempestiva porque o ordenamento jurídico brasileiro conta com o inciso LXXVIII do art. 5º da CF com toda a força e eficácia já explicitadas, além do art. 769 da CLT como atualmente se encontra, de modo que o intérprete pode fazer uso do processo comum, guardadas as ressalvas necessárias no que tange aos princípios norteadores da norma ao caso submetido a juízo. É irrelevante porque o processo civil já é aplicado à execução trabalhista nos casos de omissão e compatibilidade, e a permissão para tal aplicação quando a CLT regular a matéria, ainda que em sentido contrário, é temerária diante dos fundamentos, ideologias e propósitos de ambos os diplomas. No mais, o sistema recursal trabalhista é de longe mais adequado ao princípio da celeridade e economia processual do que o processo civil. Por fim, propor a regulação apenas de matérias já existentes e permitir que o processo do trabalho seja aplicado ainda que "em confronto com a celeridade por todos buscada" é ofender o mandamento constitucional obrigatório, em atitude clara de subversão aos valores fundamentais e à própria estrutura do processo do trabalho.

Em conclusão ao que foi exposto neste capítulo, forçoso afirmar que os operadores do direito processual do trabalho, em especial no que tange à fase de execução,

---

54 Portal da Câmara dos Deputados. Disponível em: <www.camara.gov.br> Acesso em: 30 jul. 2007.

devem considerar os fundamentos, ideologias e propósitos norteadores das fontes subsidiárias que serão utilizados para averiguar em que medida leis que não fazem parte do ordenamento trabalhista merecem aplicação subsidiária, a fim de harmonizar o sistema, que é aberto e incompleto, porém completável.

O sistema garante ao intérprete a liberdade de usar, dentro do ordenamento, aquilo que satisfizer os escopos processuais. Liberdade que, por sua vez, deve sujeitar-se à norma que preencha a lacuna de modo mais favorável ao caso concreto, tendo em vista a efetividade e os objetivos processuais. No caso da execução provisória, diante da existência de lacuna axiológica, com clareza solar o Código de Processo Civil, alterado pela Lei n. 11.232/2005, enquadra-se na classificação de regulamentação referencial da matéria em sua totalidade, razão pela qual deverá ser aplicado como única fonte subsidiária — com o acréscimo de que satisfaz o mandamento nuclear da norma constitucional.

CAPÍTULO IV

A EXECUÇÃO PROVISÓRIA E O PROCESSO DO TRABALHO

1. A eficácia das decisões trabalhistas e sua relação com a execução provisória

Como premissa básica do tema, urge introduzir o movimento processual que dá corpo ao título executivo judicial trabalhista por excelência: a decisão ou sentença. Instituto comum a toda marcha processual, independentemente da área, a sentença foi conceituada por *Liebman* como "o ato final do processo", "ato jurisdicional por excelência", "ato de autoridade, dotado de eficácia vinculativa, contendo a formulação da vontade normativa do Estado para o caso submetido a julgamento"[1].

A definição "ato final do processo" adequava-se perfeitamente ao que o antigo art. 162 do CPC propunha no § 1º: "Sentença é o ato pelo qual o juiz põe termo ao processo, decidindo ou não o mérito da causa." Por essa disposição, a interpretação de que a sentença deveria ser definida por sua finalidade sempre encontrou respaldo na própria legislação, porque "pôr termo ao processo" era, sem dúvida, o objetivo da sentença. Ocorre que a doutrina discutia tal conceito, buscando aperfeiçoá-lo, haja vista que por certo, após a sentença, com a possibilidade de interposição de recursos, o "processo" continuava, mas em outro grau de jurisdição. Na verdade, em vez de "pôr termo ao processo", a letra da lei deveria esclarecer que a sentença põe termo ao procedimento de primeiro grau de jurisdição. Não obstante, considerável doutrina não se referia à sentença com base em sua finalidade, mas em seu conteúdo, por entender a sentença como o ato do juiz que tem por conteúdo uma das hipóteses dos arts. 267 e 269 do CPC. O que antes correspondia a uma interpretação conjugada com outros dispositivos hoje está de acordo com a nova literalidade do art. 162 do CPC[2].

Com o advento da Lei n. 11.232/2005, o art. 162, § 1º, do CPC passou a ter a seguinte redação: "Sentença é o ato do juiz que implica alguma das situações previstas nos arts. 267 e 269 desta Lei." A alteração é lógica e decorre do fato de que, com a nova sistemática para o cumprimento da sentença, o juiz não mais encerra sua

---

1 LIEBMAN, Enrico Tullio. *Op. cit.*, v. 1, p. 309.

2 BUENO, Cássio Scarpinella. *A nova etapa da reforma do Código de Processo Civil:* comentários sistemáticos às Leis n. 11.187, de 19.10.2005, e 11.232, de 22.12.2005. São Paulo: Saraiva, 2006. v. 1. p. 12-13.

atividade, e não se extingue o processo com a prolação da sentença, em especial a que reconhece o direito a uma prestação, porque continua a atuação na fase executiva[3].

Para *Cássio Scarpinella Bueno*, a alteração do art. 162, § 1º, encontra justificativa na necessária explicação de que a sentença não põe fim ao processo, justamente em função das alterações também introduzidas no art. 475 e suas "letrinhas". A idéia é a de que o processo seja

> [...] pensado, interpretado e aplicado como uma coisa só, que tem início com a propositura da petição inicial [...] e que só tem término com a "realização concreta" do que tiver, perante o Estado-juiz, sido reconhecido como "o" direito.

Conclui o ilustre processualista que a clareza da redação do § 1º do art. 162 serve para eliminar a "falsa separação" entre processo de conhecimento e processo de execução e propagar a noção de "etapas do processo: uma precipuamente destinada ao *reconhecimento do direito*; a outra, precipuamente voltada à *realização do direito*"[4].

A sistemática do processo trabalhista, desde sua origem, por meio da CLT, e distintamente do CPC, privilegia o termo "decisão" tanto para se referir à sentença como *apresentação da prestação jurisdicional*[5] quanto para se referir a decisões interlocutórias e sua irrecorribilidade, consoante o disposto no § 2º do art. 769. Ao denominar a Seção X do Capítulo II "Do processo em geral", a CLT emprega a expressão "Da decisão e sua eficácia" (arts. 831 a 836); também quando trata da "audiência de julgamento", o art. 852 dispõe: "Da decisão serão os litigantes notificados...". De igual modo, o Capítulo V, "Da execução", em suas disposições preliminares, introduz a Seção I, rezando, no art. 876: "As decisões passadas em julgado ou das quais não tenha havido recurso com efeito suspensivo; [...]." Quando trata dos recursos, a CLT mais uma vez insiste no uso do vocábulo "decisões", nos arts. 893 e seguintes.

---

3 Para Fredie Didier Jr., acompanhado por Leonardo Grego, o legislador não agiu bem em redefinir o que é sentença. Vejamos em síntese a explicação do processualista: "O conceito de sentença tem bastante relevância: é com base nele que se saberá qual o recurso cabível, pois, de acordo com o nosso Código, da sentença cabe apelação (art. 513 do CPC) e da decisão interlocutória cabe agravo (art. 522 do CPC). Não se pode, a despeito da literalidade do texto normativo, identificar a 'sentença' pelo seu respectivo conteúdo. [...] é preciso compreender a sentença como o ato que encerra o procedimento nas fases de conhecimento ou de execução; a sentença encerra a primeira instância. O encerramento do procedimento fundar-se-á ora no art. 267, ora no art. 269 do CPC — isso é certo. Não há como retirar da noção de sentença — ao menos até que se reestruture o sistema recursal — a idéia de encerramento de instância. [...] pela redação do § 1º do art. 162, sentença se define pelo seu conteúdo; sucede que o conteúdo que se diz próprio de sentença não lhe é exclusivo, pois, como visto, pode estar relacionado a uma decisão que não encerra o procedimento — e, portanto, não pode ser sentença" (JORGE, Flávio Cheim *et al. Op. cit.*, p. 68-69).

4 BUENO, Cássio Scarpinella. *Op. cit.*, p. 13-15.

5 A expressão é de Coqueijo Costa, que cita duas teorias sobre a sentença: a primeira, com arrimo em Calamandrei, que a vê como uma operação mental ou juízo lógico do juiz — o silogismo judicial; a segunda, com respaldo em Jaime Greif, que a entende como um ato de vontade do juiz (COQUEIJO COSTA, Carlos. *Op. cit.*, p. 378). Na verdade, as duas teorias não se excluem, mas se completam.

No entanto, ao disciplinar o procedimento sumaríssimo, preferiu o legislador da Lei n. 9.957/2000 a aproximação terminológica do CPC, adotando o termo "sentença" nos arts. 852-G e 852-I. Todavia, flagrante impropriedade técnica pode ser percebida quando o art. 852-H, § 7º, alude à interrupção da audiência e seu prosseguimento para a "solução do processo", indicando o prazo de trinta dias para, na verdade, o juízo prolatar a sentença e com isso encerrar a fase de conhecimento do processo e o primeiro grau de jurisdição, mas não soluciona o processo, porquanto "solução" possui os sinônimos *conclusão, desfecho, terminação, termo, pagamento* e *satisfação*, o que, invariavelmente, não ocorre com a sentença, em especial a de mérito, que acolhe no todo ou em parte os pedidos do reclamante.

Ciente da íntima relação e da responsabilidade na satisfação para com o direito material a que serve, o processo do trabalho, historicamente, privilegia a oralidade e a celeridade, razão pela qual as decisões interlocutórias são irrecorríveis e as decisões de mérito que encerram o procedimento e a instância não necessitam aguardar provocação das partes para execução, em face da regra do art. 878 da CLT, que autoriza o juiz ou tribunal a iniciá-la de ofício.

Com isso, correto afirmar que, para os operadores desse ramo, sempre ficou bem nítido o raciocínio de que a decisão que acolhe o pedido do reclamante, no todo ou em parte, não tem o condão de pôr fim ao "processo" nesse ato. A realidade da práxis trabalhista demonstra que o "processo só acaba" quando é satisfeito o direito do reclamante. Após a decisão definitiva, há uma variedade de atos, todos devidamente disciplinados e aptos a realizar o direito do vencedor da reclamação nos mesmos autos. Daí por que se entende a execução trabalhista como fase posterior à cognição, guardando, todavia, suas peculiaridades e finalidade diversa.

Em razão do exposto, a alteração também trazida pela Lei n. 11.232/2005 ao art. 475-N[6] não implica qualquer mudança na estrutura conceitual da CLT no que tange às decisões ou sentenças, primeiro, porque este diploma não se preocupou em conceituá-la por seu conteúdo, mas procurou ressaltar sua força e eficácia. Segundo, porque, independentemente do tipo de obrigação, fazer ou não fazer, entregar coisa ou pagar quantia, sendo esta última a que prevalece nesta área, o processo trabalhista terá continuidade pós-sentença, nos mesmos autos, da fase que reconhece, declara, constitui e condena para a fase que realiza e executa o direito.

Partindo dessa dinâmica, de que não há solução de continuidade entre a atividade do Estado-juiz na transição da fase de conhecimento para a fase de execução, há de se admitir que o processo civil mais uma vez se inspirou nas vigas mestras da ideologia procedimental trabalhista. A despeito do grande embate entre as duas principais correntes de processualistas que discutem a classificação trinária ou ternária

---

6 A Lei n. 11.232/2005 alterou o inciso I do art. 584 do CPC e criou o art. 475-N, que elenca os títulos executivos judiciais admissíveis. No inciso I atualmente se lê: "a *sentença proferida* no processo civil que reconheça a existência de obrigação de fazer, não fazer, entregar coisa ou pagar quantia"; antes se lia: "a *sentença condenatória* proferida no processo civil" (sem grifos no original).

(declaratória, constitutiva e condenatória) ou quinária (declaratória, constitutiva, condenatória, executiva *lato sensu* e mandamental) da eficácia das sentenças, a conclusão que se impõe, para a fase da execução trabalhista, em especial no que tange à execução provisória, é a de que a abordagem e o enfrentamento neste trabalho se tornam irrelevantes, porquanto há o entendimento de que todas as sentenças condenatórias são passíveis de execução provisória[7].

Ao dizer o direito e condenar o reclamado a pagar verbas decorrentes da relação de trabalho e, ao mesmo tempo, determinar o prazo e as condições para o cumprimento do comando judicial, a decisão ou sentença trabalhista gera efeitos concretos na vida das partes. Como ato idôneo de poder do Estado-juiz, a decisão trabalhista é capaz de se impor de imediato, seja de forma provisória ou definitiva, com a aptidão de realizar o direito material objeto da reclamação.

Por conseguinte, a decisão que reconhece o direito do reclamante está apta a gerar efeitos, o que independe da noção de coisa julgada, que por sua vez vem a indicar "a força, a maneira com que certos efeitos se produzem, isto é, uma qualidade ou modo de ser deles"[8]. E tal qualidade merece, inclusive, tutela constitucional (art. 5º, XXXVI, da CF), porque é a força imutável dos efeitos da sentença não mais sujeita a recurso.

A aptidão da sentença para gerar efeitos com certa carga de restrição mesmo antes de atingir a qualidade de imutável é prevista no ordenamento trabalhista em razão do disposto no art. 899 da CLT, que assim dispõe: "Os recursos serão interpostos por simples petição e terão efeito meramente devolutivo, salvo as exceções previstas neste Título, permitida a execução provisória até a penhora."

Relevante lembrança há de ser feita de que, antes da decisão de mérito que acolhe no todo ou em parte os pedidos da petição inicial, como em toda atividade jurisdicional de conhecimento, o juiz trabalhista conheceu, avaliou e valorou fatos e provas. Teve contato direto com as partes e testemunhas, com ampla liberdade de inquiri-las segundo os ditames do art. 765 da CLT, propiciando, dessa forma, a menor incidência de erros, o que só vem a reforçar que a eficácia e a imperatividade aptas a permitir a execução provisória, máxime em sede trabalhista, também decorrem de uma cognição exauriente, embora não definitiva.

Por ser assunto instrumental à eficácia das decisões trabalhistas, na atividade decisória de mérito, ao considerar matérias preponderantemente fáticas das relações de trabalho ou matérias de direito, o magistrado trabalhista poderá reunir elementos para desenvolver tanto um conhecimento amplo e exauriente quanto sumário ou superficial da causa, a depender do tipo de tutela pretendida pela parte. A cognição

---

7 O leitor interessado encontrará em Liebman (*Manual de direito processual civil*), Cândido Rangel Dinamarco (*Instituições de direito processual civil*), Humberto Theodoro Júnior (*Curso de direito processual civil*) e Pontes de Miranda (*Tratado das ações*) fundamentos seguros e originais para as duas correntes.

8 LIEBMAN, Enrico Tullio. *Eficácia e autoridade da sentença*. Rio de Janeiro: Forense, 1984. p. 5, § 1º.

exauriente é aquela que se faz com o apoio da ampla produção de provas referentes ao caso concreto, ou seja, durante a regular fase de conhecimento trabalhista, mas que poderá ser confirmada, anulada ou reformada por órgão jurisdicional superior hierarquicamente, por força de recurso. É o caso da decisão que gera título executivo provisório, apto a produzir efeitos. De outro lado, a cognição sumária ou superficial é aquela baseada em juízo de probabilidades ou plausibilidade das alegações, é procedimento de convicção inferior ao da cognição ampla e exauriente. Nesses casos, faz o juízo uma análise movida pela urgência da tutela buscada, a exemplo das antecipações de tutela e medidas cautelares[9].

Com arrimo em *Domenico Borghesi*, *Marinoni* assevera que a cognição que funda a execução da sentença na pendência da apelação (na ordem trabalhista o recurso ordinário) "não é sumária nem definitiva, porém exauriente" — o que legitima a afirmação de que, na verdade, há preconceito por trás da idéia de que a execução de decisão provisória teria como base uma cognição sumária, o que levaria a pensar que o juízo do tribunal é "mais perfeito do que o juízo do magistrado de primeiro grau"[10].

Válida e de merecida reflexão é a idéia de *Recaséns Siches*, para quem, no trabalho de aplicação do sistema, o juiz cria na sentença a norma para o caso concreto (concreção), por sua razão e por sua vontade. É um ato de razão porque exige o conhecimento de elementos fáticos, valorativos e normativos do caso; é um ato de vontade por implicar a escolha dentre diversas alternativas decisórias possíveis. Longe de ser um silogismo, que se decompõe nos três juízos que integram suas premissas (maior é a norma jurídica e menor é a questão de fato) e a conclusão, é um ato mental, uma estrutura, que constitui um exemplo da chamada *Gestaltpsychologie* (psicologia das formas). Segundo o autor, apenas quando a decisão foi tomada pode sua apresentação adotar a aparência de um silogismo. Mas convém ressaltar que o Direito não se restringe ao mundo psicológico. Também não é idéia pura, nem valor puro, pois se relaciona com a realidade. Mesmo porque, conclui, o magistrado não está acima da lei e deve acatar a ordem jurídico-positiva[11].

Em síntese, o que se pretende afirmar é que, antes da constituição da coisa julgada, o vencedor da reclamação trabalhista tem o direito de sentir os efeitos da decisão, ainda que sujeito a restrições diante da ausência da coisa julgada, como forma de minimizar o prejuízo que a demora no processamento e julgamento dos meios impugnativos pode vir a causar-lhe. Isso porque o juiz singular trabalhista realizou mais que mero silogismo, pois, diante de fatos concretos a ele submetidos,

---

9 LUCON, Paulo Henrique dos Santos. *Eficácia das decisões e execução provisória*, cit., p. 181-186, com arrimo em WATANABE, Kazuo. *Da cognição no processo civil*. São Paulo: Revista dos Tribunais, 1987.

10 MARINONI, Luiz Guilherme; ARENHART, Sérgio Cruz. *Curso de processo civil:* execução. São Paulo: Revista dos Tribunais, 2007. v. 3. p. 357.

11 SILVA, Valdir Félix da. Estudos sobre a lógica do razoável de Luis Recaséns Siches na obra *Nueva filosofía de la interpretación del derecho*. México: Editorial Porrúa. Trabalho não publicado e gentilmente cedido pelo autor, mestrando pela PUCSP.

valorou-os diante de provas, aplicando o direito e materializando, na sentença imperativa, a prestação jurisdicional. Sendo assim concebida, não pode o magistrado ser considerado mero instrutor do processo.

Pertinente é a indagação sobre o momento exato do início da eficácia da decisão trabalhista ou o momento em que aquele em situação de vantagem pode sentir os efeitos dessa decisão. Pela idéia original da CLT, tanto no rito sumaríssimo quanto no ordinário, a decisão ou sentença deveria ser proferida em audiência, na presença das partes, que já sairiam intimadas de seu conteúdo (arts. 849 e 852-I). Mas, como o legislador previu, nem sempre, ou, melhor dizendo, raramente, isso se faz realidade, diante da avalanche de reclamatórias que forçam a prática costumeira de fracionar ou interromper as audiências para então marcar a data de "julgamento", em que as partes se fazem ausentes e são intimadas de seu conteúdo.

Tão logo a decisão se torna pública, reveste-se de imperatividade, mas não ainda da eficácia necessária, apta a antecipar os efeitos provisórios ou definitivos da decisão. Isso porque há de existir um espaço de tempo, que podemos chamar de "tempo de espera", em que se deve aguardar o decurso do prazo para os remédios impugnativos previstos. Portanto, somente após a utilização ou não desses meios, sendo que, quanto aos embargos declaratórios, mister seu processamento e julgamento, é que se poderá sentir os efeitos da sentença, sejam estes provisórios ou definitivos, cada qual de acordo com sua sistemática regulamentação.

2. A regra do efeito devolutivo no processo do trabalho e o ambiente favorável à execução provisória

Digno de nota é o ambiente propício oferecido pelo processo trabalhista para a execução provisória quando concebeu como regra o efeito devolutivo aos recursos trabalhistas, conforme o disposto no art. 899 da CLT, sendo o efeito suspensivo uma exceção. De acordo com o ensinamento de *Lucon*, "por efeito do recurso exprime-se um atributo ou uma qualidade inerente ao meio de impugnação utilizado"[12].

Nelson Nery Júnior identifica o efeito devolutivo como aquele consistente na devolução da matéria impugnada ao órgão *ad quem*, a fim de que possa reexaminar a decisão recorrida; e por efeito suspensivo a qualidade do recurso que adia a produção dos efeitos da decisão impugnada até que transite em julgado a decisão sobre o recurso ou se escoe *in albis* o prazo para sua interposição[13].

---

12 LUCON, Paulo Henrique dos Santos. *Eficácia das decisões e execução provisória*, p. 216.

13 O autor também identifica outros efeitos, como o expansivo, o translativo e o substitutivo (NERY JÚNIOR, Nelson. *Princípios fundamentais*: teoria geral dos recursos. 5. ed. São Paulo: Revista dos Tribunais, 2000. p. 367-422). Na verdade, não há consenso entre os doutrinadores sobre o número de efeitos dos recursos. Lucon acrescenta o efeito regressivo e o diferido, com arrimo em Alcides de Mendonça Lima e Teresa Arruda Alvim Wambier (LUCON, Paulo Henrique dos Santos. *Eficácia das decisões e execução provisória*, cit., p. 216-221). Para o objetivo proposto no presente trabalho e por razões legislativas óbvias, o enfoque será dado ao efeito devolutivo.

Pedro Paulo Teixeira Manus entende que é *exatamente* em função do efeito atribuído ao recurso que se pode saber qual a extensão da execução. Se houver recurso e início de execução, o recurso só poderá ser dotado de efeito devolutivo, pois, se fossem dados ambos os efeitos, nada se poderia fazer até o trânsito em julgado da sentença[14].

Alcides de Mendonça Lima, em pesquisa de *Lucon*, adverte para o uso da expressão "devolutivo", que seria inapropriada porque, na realidade, ocorre um "efeito de transferência" ao órgão jurisdicional *ad quem,* que irá conhecer da causa ou do incidente nos limites da impugnação oferecida[15].

Também quanto à origem do vocábulo, merece nota a informação de que a expressão *devolução* é fruto do direito romano, no qual o soberano detinha o poder de julgar e o delegava aos órgãos inferiores. Todavia, diante da permissão de reexame de tudo o que os inferiores faziam, permitia-se ao soberano exigir de volta o poder e, com isso, apreciar os recursos interpostos[16].

"Efeito devolutivo" é expressão que, não obstante mereça crítica, está consagrada tanto na doutrina quanto na jurisprudência, que também cuida da análise de sua extensão e profundidade. Por extensão entenda-se a delimitação do que está sendo submetido ao órgão *ad quem*. Exemplo típico nas lides trabalhistas é a sentença que não acolhe o pedido do reclamante que pleiteia o reconhecimento de vínculo empregatício e as verbas decorrentes da relação. Ao recorrer de ordinário, o reclamante requer a reforma do julgado no tocante ao reconhecimento da relação de emprego e o retorno à vara de origem, para que esta possa, então, apreciar e julgar os demais pedidos, tais como horas extras, adicional noturno, entre outros que o Tribunal não poderá conhecer, sob pena de supressão de um grau de jurisdição.

O efeito devolutivo em profundidade, que para *Bezerra Leite* se confunde com o efeito translativo, é expressamente admitido na Súmula n. 393 do TST e possibilita a devolução vertical. Trata-se da possibilidade do juiz ou tribunal de decidir questões de ordem pública a respeito das quais não se opera a preclusão, a exemplo dos arts. 267, § 3º, e 301, § 4º, do CPC, fora do que consta do recurso ou das contra-razões sem incorrer no julgamento *ultra, citra* ou *extra petita*[17].

---

14 MANUS, Pedro Paulo Teixeira. *Execução de sentença no processo do trabalho*. São Paulo: Atlas, 2005. p. 56-57.

15 *Ibidem*, p. 216. Nesse sentido também Manoel Antonio Teixeira Filho se utiliza da expressão "transferência", ao dizer que "somente transfere à instância superior o reexame da matéria já apreciada no juízo de grau hierárquico superior" (*Sistemas dos recursos trabalhistas*. 10. ed. São Paulo: LTr, 2003. p. 240).

16 BARIONI, Rodrigo. *Efeito devolutivo da apelação civil*. São Paulo: Revista dos Tribunais, 2007. p. 34.

17 LEITE, Carlos Henrique Bezerra. *Op. cit.*, p. 592-595. Merecem transcrição os dispositivos a seguir: Art. 515 do CPC: "A apelação devolverá ao tribunal o conhecimento da matéria impugnada. § 1º Serão, porém, objeto de apreciação e julgamento pelo tribunal todas as questões suscitadas e discutidas no processo, ainda que a sentença não as tenha julgado por inteiro."
Súmula n. 393 do TST: "RECURSO ORDINÁRIO. EFEITO DEVOLUTIVO EM PROFUNDIDADE. ART. 515, § 1º, DO CPC. O efeito devolutivo em profundidade do recurso ordinário, que se extrai do § 1º do art. 515 do

Do exposto, a execução provisória é cabível em virtude da permissão do legislador de atribuir eficácia às decisões judiciais trabalhistas ainda que pendente recurso. Considerando a extensão do efeito devolutivo, é possível atribuir efeitos totais ou parciais da decisão àquele que possui vantagem jurídica. Portanto, cabível que duma decisão haja recurso apenas parcial, hipótese em que a parcela da decisão que possui a qualidade de coisa julgada poderá ser executada definitivamente, e a parte do título executivo que no momento é provisório poderá ser objeto de execução. Por óbvio que, para tanto, deve haver independência entre as matérias ou pedidos que foram tratados na referida decisão, de modo que matéria que se refere a verba principal, mas que não foi objeto de impugnação recursal, não poderá ser executada se seu acessório estiver em discussão em recurso ou vice-versa.

A utilidade da execução provisória torna-se indiscutível diante do efeito devolutivo inerente aos recursos trabalhistas como regra, razão pela qual o vencedor, no todo ou em parte, pode exigir que se realize o direito perseguido e expresso no título, ainda que na pendência de confirmação ou reforma ulterior.

Forçoso concluir, por corolário lógico, que a execução provisória não viola o duplo grau de jurisdição. A justificativa encontra guarida no fato de que não se subtrai da parte vencida o direito de recorrer, haja vista que a execução só é provisória porque necessariamente tem um recurso pendente de julgamento. Na verdade, há o privilégio das decisões e sua imperatividade, reservando o legislador a proteção legal ao executado, por meio de medidas defensivas e quanto ao ressarcimento de danos que porventura venha a sofrer. O principal, todavia, é que o exeqüente, parte vencedora, não fica sujeito aos efeitos perversos da morosidade no processamento e julgamento do recurso.

3. A importância da execução provisória para a efetividade do processo trabalhista

Dúvida não há de que, ao contrário da vida humana, quando falamos do tempo, desejamos que a vida do processo seja curta, em especial a do trabalhista, que trata de crédito alimentar, diretamente ligado ao esforço de um ser humano em prol de alguém que, por sua vez, desrespeitou direitos fundamentais. Espera-se, então, que esse tipo seja breve, pois processo trabalhista longo invariavelmente é sinônimo de frustração, causa de angústia, desestruturação emocional e familiar por parte daquele que foi lesado, muitas vezes se encontra em situação de desemprego ou na informalidade e aguarda ansioso por receber o que a Justiça lhe deu como "ganho de causa". Do ponto de vista externo, a demora também gera sentimento de descrédito por parte da sociedade para com o Poder Judiciário, constantemente julgado e condenado na mesma medida com que faz cumprir suas decisões.

CPC, transfere automaticamente ao Tribunal a apreciação de fundamento da defesa não examinado pela sentença, ainda que não renovado em contra-razões. Não se aplica, todavia, ao caso de pedido não apreciado na sentença (Res. 129/2005 – DJ 22.04.2005)."

No processo do trabalho, não raro os reclamantes são obrigados a suportar os efeitos nocivos da demora por conta de recursos protelatórios. Permita-se definir recurso protelatório como o meio impugnativo eivado de atos danosos ou imorais que servem como instrumento para o ilícito enriquecimento ou outra vantagem de cunho perverso daquele que postula com má-fé e deseja fazer do tempo um seu aliado. Por atos danosos ou imorais leiam-se atitudes processuais incompatíveis com a finalidade do instrumento e manifestamente distantes da verdade que emerge das provas orais e materiais constantes dos autos.

A forma preferida pelo interessado em procrastinar o feito é o recurso. Isso é fato notório e fundamentadamente reconhecido por estudiosos do processo. O recurso, como dizem, é "excelente desculpa para o réu sem razão beneficiar-se ainda mais do processo em detrimento do autor", por permitir que o réu mantenha em sua esfera jurídica, por longo tempo, o que é de direito do autor[18].

A execução, que na Antiguidade foi tida como suplício do devedor, passa hodiernamente a ser vista como verdadeiro suplício do credor trabalhista, devido à morosidade e à falta de eficácia das decisões, razão do uso de expressões "via-crúcis", "martírio", "calcanhar-de-Aquiles", comumente utilizadas na práxis forense para referir-se à fase de execução no processo do trabalho.

Dados estatísticos comprovam a alta litigiosidade, que gera números expressivos de demandas submetidas à Justiça do Trabalho. Segundo informações do Tribunal Superior do Trabalho, apenas de janeiro a março de 2007 as Varas do Trabalho de todo o Brasil já haviam recebido 439.612 novos processos, com um resíduo de 957.930 processos do ano anterior. No mesmo período de janeiro a março de 2007, os processos em execução chegavam ao número alarmante de 1.640.342. Isso nos primeiros três meses do ano![19]

Estudos governamentais asseguram que, pelo fácil acesso, a Justiça do Trabalho se apresenta como "porta de entrada", ou primeiro contato que o cidadão tem com o Poder Judiciário, razão de sua fundamental importância para a credibilidade da Justiça como um todo e para o fortalecimento do Estado Democrático de Direito[20].

Considerando os índices divulgados pela última pesquisa do TST, com informações obtidas dos Tribunais Regionais do ano de 2005, as taxas de recorribilidade

---

18 MARINONI, Luiz Guilherme; ARENHART, Sérgio Cruz. *Op. cit.*, p. 343.

19 Estatísticas do TST. Disponíveis em: <www.tst.gov.br>.

20 A pesquisa é de Pierpaolo Cruz Bottini, Secretário de Reforma do Judiciário (Ministério da Justiça), que também assevera: "A consolidação de uma nação se fia na consistência e na fiabilidade das instituições, criadas e mantidas com a finalidade de criar um ambiente seguro para os diversos relacionamentos sociais, por meio da elaboração e da preservação de regras de convivência. A lentidão do Judiciário, a demora em exercer suas tarefas típicas, acaba por mitigar o contexto estável necessário para o aprimoramento das relações indispensáveis ao convívio social" (BOTTINI, Pierpaolo. A Justiça do Trabalho e a reforma do Judiciário. In: CHAVES, Luciano Athayde (Org.). *Direito processual do trabalho*: reforma e efetividade. São Paulo: LTr, 2007. p. 100).

demonstram a forte utilização dos meios impugnativos previstos na legislação em face das sentenças proferidas tanto em primeira quanto em segunda instância[21]. Não há dados sobre quantos desses meios foram julgados e declarados protelatórios, e incabível neste estudo proferir qualquer juízo quantitativo ou qualitativo dessa hipótese sem incorrer em grave equívoco. Mas, seguramente, é possível afirmar que muitos assim foram considerados diante da jurisprudência dos Regionais e do próprio TST[22].

---

21 Os indicadores de desempenho da Justiça do Trabalho estão disponíveis para todas as regiões judiciárias no endereço eletrônico <www.tst.gov.br>. Dados certificam que a média de recorribilidade interna (embargos declaratórios oferecidos em face de sentenças da 1ª instância) é de 47,09% na 17ª Região (ES); 38,73% na 2ª Região (SP); 16,24% na 23ª Região (MT); 27,32% na 4ª Região (RS). A média nacional é de 29,35%. Quando se trata de recorribilidade externa (recurso ordinário e recurso de revista no procedimento comum, respectivamente), os índices aumentam para 65,58% e 49,33% na 17ª Região; 75% e 34,60% na 2ª Região; 44,96% e 26,95% na 23ª Região; 42,57% e 80,24% na 4ª Região. As médias nacionais são de 65,70% e 36,65%.

22 Vale a transcrição dos julgados a título de exemplificação: "Litigância de má-fé — Recurso meramente protelatório. Se o agravo versa sobre matéria já acobertada pelo manto da coisa julgada, revelando a intenção da parte de reativar a discussão sobre matéria já decidida, torna-se evidente o seu propósito de procrastinar o andamento do feito, sendo imperativa a aplicação da penalidade prevista no art. 18 do CPC" (TRT 3ª R. – 4ª T. – Ap. n. 3298.1991.011.03.00-3 – Rel. Luiz Otávio L. Renault – DJMG 15.6.04 – p. 19) (*RDT* n. 8, ago. 2004).
"Litigância de má-fé — Alteração da verdade de fato incontroverso — Artigos 17 e 18 do CPC — Multa — Indenização. Reputa-se como litigante de má-fé reclamada que alega em recurso fatos que colidem frontalmente inclusive com depoimento de testemunha por ela trazida. Assim agindo, contribui para o afogamento da máquina judiciária, com o claro intuito de procrastinar o andamento do feito e induzir o Judiciário ao erro, sendo portanto devida a multa de 1% sobre o valor da causa atualizado. Tal multa é devida mesmo que, em outro tópico recursal, obtenha provimento parcial, pois o tipo previsto pelo legislador é a alteração de fatos incontroversos, independentemente do resultado da demanda. Além disso, ao recorrer de tópicos que o reclamante já poderia ter executado definitivamente, causa prejuízos ao adversário, que deve ser indenizado em quantia não superior a 20% sobre o valor da causa atualizado" (TRT 15ª R. – 3ª T. – RO n. 28/2002.095.15.00-2 – Rel. Samuel H. Lima – DJSP 16.9.05 – p. 42) (*RDT* n. 10, out. 2005).
"AIRO — 2383/1990-014-02-68. DJ — 13.5.2005. PROC. N. TST-AIRO-2.383/1990-014-02-68.1 ACÓRDÃO TRIBUNAL PLENO. AGRAVO DE INSTRUMENTO. RECURSO ORDINÁRIO. FUNDAMENTAÇÃO. RECURSO PROCRASTINATÓRIO. LITIGÂNCIA DE MÁ-FÉ. MULTA/INDENIZAÇÃO. 1. Agravante/executada que, de forma reiterada, argumenta com a Impossibilidade de a Administração Pública sofrer execução 'provisória', abstendo-se de impugnar sucessivas decisões, inclusive a recorrida, que invariavelmente reputam definitiva a execução, porquanto referente a valor incontroverso (§ 1º do art. 897 da CLT). 2. Agravante/executada que, afora isso, insiste na juntada de peças supostamente essenciais à instrução de 'precatório', desconsiderando por completo os fundamentos adotados nas decisões recorridas: trata-se de execução de pequeno valor (total da execução inferior a 60 salários mínimos), em que é dispensável a expedição de precatório (§ 3º do art. 100 da Constituição da República e Orientação Jurisprudencial n. 1 do Tribunal Pleno do TST). 3. Recurso ordinário em agravo regimental, em semelhante quadro, em que a parte declina fundamentação inteiramente divorciada da motivação da decisão então recorrida. Agravo de instrumento visando a destrancá-lo. 4. Inadmissível, porque desfundamentado, recurso ordinário cujas razões não se irresignam com os fundamentos do acórdão recorrido, tergiversando sobre outros aspectos. 5. Se o recurso ordinário, em suposto precatório, corresponde já ao terceiro recurso interposto pela parte de forma totalmente divorciada dos fundamentos abraçados pelas decisões, caracteriza-se a litigância de má-fé, em vista do escopo manifestamente protelatório do apelo. 6. Agravo de instrumento a que se nega provimento, por fundamento diverso. Aplicação à

A conseqüência imediata e em cascata da alta litigiosidade e recorribilidade é a demora no julgamento dos remédios processuais disponíveis à parte, com o resultado natural da delonga na satisfação do direito do credor trabalhista.

Também não se pode esquecer de elementos externos ao processo, como a ausência de moderno aparelhamento do complexo estrutural do Poder Judiciário e a necessidade de aumentar o número de juízes e servidores; a economia local e seus reflexos na saúde financeira das empresas reclamadas; a conduta das partes, dos procuradores, dos órgãos do Judiciário e seus colaboradores como prestadores ativos de serviços. Todos esses itens contribuem para a morosidade na satisfação do direito do credor trabalhista.

A par de todas essas considerações, a visão instrumentalista do processo, que aproxima o direito material do processual, visando a atingir os escopos políticos, sociais e jurídicos do processo, prestigia de modo singular a efetividade. Todas as formas, procedimentos e técnicas processuais devem servir para que o processo seja o mais efetivo possível. E o patrono da instrumentalidade no ordenamento jurídico brasileiro define a efetividade com base na idéia de que "o processo deve ser apto a cumprir integralmente toda a sua função sócio-política-jurídica, atingindo em toda a plenitude todos os seus escopos institucionais". E continua *Dinamarco*, escrevendo ser essa a visão moderna, porém de uma preocupação antiga que *Chiovenda* celebrizou na frase: "na medida do que for praticamente possível, o processo deve proporcionar a quem tem um direito tudo aquilo e precisamente aquilo que ele tem o direito de obter". E arremata mais adiante o autor, defendendo ser a execução provisória uma "arma muito boa" na luta contra o tempo[23].

Parece óbvio que, enquanto existir o processo como instrumento, existirá a busca contínua pela efetividade, que também pode ser definida como a "preocupação com a eficácia da lei processual, com sua aptidão para gerar os efeitos que dela é normal esperar"[24]. E ainda, de acordo com a construção do pensamento instrumental do processo, importa anuir com *Bedaque* quando afirma com categoria que "processo efetivo é aquele que, observado o equilíbrio entre os valores segurança e celeridade, proporciona às partes o resultado desejado pelo direito material", reforçando com

---

agravante de multa de 1% sobre o valor atualizado do débito exeqüendo e de indenização correspondente a 20% (vinte por cento) sobre o valor atualizado do débito exeqüendo, em favor da parte contrária, na forma do art. 18 do CPC. Vistos, relatados e discutidos estes autos de Agravo de Instrumento em Recurso Ordinário n. TST-AIRO-2.383/1990-014-02-68.1. Brasília, 7 de abril de 2005. JOÃO ORESTE DALAZEN Ministro Relator" (Disponível em: <www.tst.gov.br> Acesso em: 3 ago. 2007).

23 Dinamarco adverte que a construção de Chiovenda está inserida num conceito individualista e de marcado positivismo jurídico, em que se via somente o escopo jurídico do processo, sem preocupações com social e o político; mas, relida fora do contexto, por certo conduzirá a termos idênticos àqueles propostos (DINAMARCO, Cândido Rangel. *A instrumentalidade do processo*. 12. ed. São Paulo: Malheiros, 2005. p. 330-331 e 370).

24 MONIZ DE ARAGÃO, Egas. Efetividade no processo de execução. In: *O processo de execução*: estudos em homenagem ao Prof. Alcides de Mendonça Lima. Porto Alegre: Fabris, 1995. p. 37.

insistência que a efetividade "significa a capacidade de produzir efeitos no plano material"[25].

É uníssona a movimentação dos processualistas em simplificar a execução, elevando sua eficácia, inspiração maior das últimas reformas do CPC, num claro esforço de equilibrar os fatores tempo e segurança, de modo a atingir o equilíbrio entre eficiência e justiça[26].

Nesse contexto, imperioso ressaltar a iniciativa do processo comum em dar maior efetividade à execução por meio das alterações da Lei n. 11.232/2005, respondendo ao anseio constitucional previsto no art. 5º, LXXVIII, por meio do art. 475-O, perfeitamente aplicável, em sua totalidade, ao processo do trabalho, por força da aplicação do método instrumental e considerando que o processo civil é fonte principal em execução provisória, dentro do conceito de *regulamentação referencial*[27].

Digno de realce, portanto, é o papel fundamental da execução provisória para a efetividade das decisões trabalhistas. É preciso que se afaste a postura muitas vezes acanhada e limitada do intérprete e dos operadores do processo para que tenham em mente a imperatividade das decisões que possuem como desfecho único da fase executiva a integral satisfação do credor.

De relevo ressaltar que a execução provisória, como técnica de antecipar os efeitos da decisão trabalhista de forma completa e não apenas preparatória, certamente pode servir de meio inibitório do vencido não-convencido que abusa do seu direito de recorrer e age com o manifesto propósito de procrastinar o feito, tanto quanto possível. Na certeza de que virá a sentir os efeitos da decisão trabalhista por meio de atos executórios, mesmo diante da incerteza da imutabilidade da mesma decisão, o reclamado–executado, no uso da boa razão e do discernimento jurídico, julgará se existe justificativa para sua resistência em se conformar com a decisão judicial.

Logo, optar pela execução provisória como meio de dar efetividade ao processo trabalhista é transformá-la em "instrumento de realização de justiça", inibindo manobras dilatórias e reforçando a credibilidade dos órgãos jurisdicionais[28], porque se percebe que é essa justamente a razão de ser da execução provisória no ordenamento jurídico.

---

25 BEDAQUE, José Roberto dos Santos. *Efetividade do processo e técnica processual*, p. 49.

26 "O direito atual não se contenta mais com a prestação jurisdicional fundada única e exclusivamente na 'segurança jurídica', dependente de tudo e por tudo de um prévio acertamento do direito no processo de conhecimento, tal como era na origem do direito ocidental" (RIBEIRO, Leonardo Ferres da Silva. *Execução provisória no processo civil*. São Paulo: Método, 2006. p. 27 – Col. Prof. Arruda Alvim).

27 Expressão utilizada por CORDEIRO, Wolney de Macedo. *Op. cit.*, p. 36. Merece registro o fato de que o autor trata de forma geral alguns pontos da Lei n. 11.232/2005, e, quanto à execução provisória, nossa opinião é divergente, porquanto Cordeiro entende que o art. 475-O não se aplica totalmente, pelo contido no inciso I do citado artigo, o que será adiante tratado com maior profundidade.

28 LUCON, Paulo Henrique dos Santos. *Eficácia das decisões e execução provisória*, p. 203.

4. Origem, conceito e natureza jurídica da execução provisória

A construção legal e doutrinária da execução no ordenamento jurídico brasileiro foi alicerçada na fidelidade ao enunciado segundo o qual *nulla executio sine titulo*. Por certo, conforme lição de *Liebman*, não basta a insatisfação do direito do credor para dar início à execução. Não há como exigir do devedor a satisfação de determinado direito se este não tiver sido legalmente adquirido, razão pela qual se justifica a exigência da demonstração da procedência do direito do credor[29].

Nessa esteira, o processo civil e o trabalhista seguem tal postulado e têm como regra geral a execução da sentença após seu trânsito em julgado. A exceção materializa-se justamente na oportunidade disponibilizada às partes de, mesmo sem a definitividade, proceder à execução, denominada provisória.

A intenção do capítulo inicial desta pesquisa foi propiciar breve reflexão sobre a origem da execução e o momento em que passou a ser considerada procedimento ou processo idôneo e legítimo com os meios capazes de satisfazê-la, além de sua relação com a origem da Justiça do Trabalho no contexto do movimento histórico que tornou possível a execução das próprias sentenças por esse ramo especializado.

Novamente aqui, apenas com a intenção de introduzir o tema a ser tratado e com o máximo de síntese possível, far-se-á um passeio pela localização histórica da execução provisória.

Não havia, na gênese da execução então concebida pelo direito romano, espaço para a antecipação dos efeitos da sentença, e nesse terreno a execução provisória não poderia nascer, razão pela qual sua origem não está no direito romano, mas acredita-se que a idéia da técnica foi criada entre os anos de 1.100 e 1.500 na fase histórica chamada de "processo comum italiano", que entrou no direito francês a partir do século XIII. Mas foi no Código de Luís XIV (1667) que o instituto se aproximou do que hoje o direito moderno regulamenta ao disciplinar a ausência de efeito suspensivo como a característica definidora da execução provisória[30].

No ordenamento pátrio, o Regulamento n. 737/1850 referia-se à execução provisória quando, ao cuidar dos efeitos recursais no art. 652, possibilitava a hipótese do efeito devolutivo para a apelação. Recorda *Moniz de Aragão* que foi a Consolidação das Leis do Processo Civil, compilada pelo Conselheiro *Antônio Joaquim Ribas*, que no art. 1.197 autorizava a sentença apelada a ser provisoriamente executada no caso de a apelação ter somente o efeito devolutivo. E, como fonte dessa orientação,

---

29 LIEBMAN, Enrico Tullio. *Processo de execução*. São Paulo: Saraiva & Cia., 1946. p. 23.

30 A fonte histórica é do jurista italiano Federico Carpi, citado por BUENO, Cássio Scarpinella. *Dinâmica do efeito suspensivo e da execução provisória:* conserto para a efetividade do processo. Tese de doutorado defendida na PUCSP em 1998. p. 72-73.

eram apontadas as regras dispostas nas Ordenações Filipinas. Dessa forma permaneceu nos Códigos estaduais até a unificação, em 1939[31].

Alguns Códigos estaduais, como o do Estado da Bahia, São Paulo, Minas Gerais, Rio de Janeiro e Mato Grosso, previam expressamente a possibilidade da execução provisória ao prever o efeito não suspensivo aos recursos interpostos. O Estado do Rio Grande do Sul, por sua vez, no Código de Processo Civil e Comercial, não conhecia recurso sem efeito suspensivo, inexistindo, portanto, o instituto da execução provisória[32].

O CPC de 1939 não admitia execução sem título definitivo, e excepcionalmente disciplinava a execução provisória no art. 883, que estabelecia a observância dos seguintes princípios para o instituto: I – a execução ficava sem efeito diante de sentença modificadora ou anulatória do que constituía objeto da execução; II – a reparação dos danos sofridos pelo executado se reclamava e se liquidava nos mesmos autos da ação; III – a execução provisória não abrangia atos que importassem alienação de domínio e não autorizava, sem caução idônea, o levantamento de depósito em dinheiro.

O CPC de 1973 não avançou nesses fundamentos, pois atribuía à apelação o efeito suspensivo como regra geral no art. 520 e condicionava a execução, chamando-a de definitiva, ao trânsito em julgado da sentença, conforme o art. 587. A execução provisória, regulada no art. 588, dispunha, em síntese, que essa modalidade se dava do mesmo modo que a definitiva, observando o que então chamava de "princípios" e que se referia à própria dinâmica da execução, que: I – corria por conta do credor, que deveria prestar caução para tanto, obrigando-se a reparar danos causados ao devedor; II – não abrangia atos que importassem alienação do domínio, tampouco permitia sem caução idônea o levantamento de depósito em dinheiro; III – ficava sem efeito diante de sentença modificadora ou anulatória, no todo ou em parte, daquilo que havia sido objeto da execução, com a restituição das coisas ao estado anterior.

Desde a primeira codificação unitária, em 1939, já se reconhecia o fundamento da execução provisória "no perigo do retardamento da prestação jurisdicional ao longo do tempo em que a apelação seria julgada", razão pela qual possibilitava ao vencedor a assunção dos riscos de sua iniciativa para então dar início à execução provisória[33].

Convém destacar que, do modo como disciplinada a execução provisória, tanto na estrutura inicial de 1939 como na de 1973, pouco contribuía para a eficácia da decisão, e nem sequer poderia ser considerada "verdadeira execução", porque

---

31 MONIZ DE ARAGÃO, Egas. Novas tendências da execução provisória. *Revista de Processo*, ano 23, n. 90, abr./jun. 1998, p. 90.

32 LUCON, Paulo Henrique dos Santos. *Eficácia das decisões e execução provisória*, p. 56.

33 BUENO, Cássio Scarpinella. *Dinâmica do efeito suspensivo e da execução provisória*, p. 120.

não se mostrava como meio apropriado a satisfazer o direito tutelado, mas apenas adiantava algumas medidas com o objetivo de preparar uma execução futura. O legislador da época, receoso em invadir o patrimônio do devedor, desconsiderava a importância para com a celeridade e efetividade do provimento jurisdicional, que durante décadas imperou no CPC, ditando uma postura fortemente cautelar para a execução provisória[34].

Seguindo essa tendência acautelatória, era comum definir a execução provisória como mero "adiantamento de executividade", porque "nunca abrange atos que importem alienação de domínio"[35]. A chave de leitura para as cautelas do legislador do passado é a visão extremamente privatista do processo, deflagrada pelo caráter não intervencionista do Estado, que, na ânsia de preservar valores como liberdade e propriedade individual, conduziu o legislador processual à prática de posturas tímidas, sendo a tutela executiva algo que amedrontava a sociedade por representar um permissivo legal de invasão da propriedade privada[36].

Razoável a preocupação do legislador da época e também do atual em não consolidar injustiça na hipótese de o vencedor em grau de recurso ter de suportar a execução como se vencido fosse. Todavia, paralelamente a essa preocupação, vive outra, tão importante quanto, que se materializa no uso dos recursos e na demora nos julgamentos, fazendo com que o vencedor em todos os graus venha a receber menos do que tinha direito de conseguir pelo longo período de tempo transcorrido entre a sentença e seu trânsito em julgado[37].

Com as reformas introduzidas na legislação pela Lei n. 11.232/2005, conceitualmente dois artigos cuidam da definição da execução provisória na atual sistemática do CPC. O primeiro, inserido no Livro I — Processo de Conhecimento, traz no § 1º do art. 475-I que "é definitiva a execução da sentença transitada em julgado e provisória quando se tratar de sentença impugnada mediante recurso ao qual não foi atribuído efeito suspensivo".

O segundo, no Livro II — Processo de Execução, com redação determinada pela Lei n. 11.382/2006, afirma no art. 587 que "é definitiva a execução fundada em título extrajudicial; é provisória enquanto pendente apelação da sentença de improcedência dos embargos do executado, quando recebidos com efeito suspensivo".

---

34 RIBEIRO, Leonardo Ferres da Silva. *Op. cit.*, p. 43.

35 COQUEIJO COSTA, Carlos. *Op. cit.*, p. 597.

36 JORGE, Flávio Cheim *et al. Op. cit.*, p. 98-100.

37 Mais uma vez, a sempre lembrada lição de Chiovenda foi citada por Moniz de Aragão como matriz do pensamento elaborado. Vale a repetição: "O processo deve dar, quando for possível praticamente, a quem tenha um direito, tudo aquilo e exatamente aquilo que ele tenha direito de conseguir." Ou seja, o receio do legislador reside no risco de, por meio da execução provisória, atribuir mais do que "exatamente aquilo" que o litigante "tenha direito de conseguir" (MONIZ DE ARAGÃO, Egas. Novas tendências da execução provisória, cit., p. 61).

Como se lê dos textos legais, optou o legislador por definir a execução provisória como aquela fundada em sentença sobre a qual ainda paira a incerteza pelo não-revestimento da coisa julgada em face da pendência de meio defensivo previsto em lei. E, pela legalidade do texto, vê-se que as execuções que comportam a antecipação de seus efeitos se referem, por sua natureza, aos títulos judiciais, visto que a dos extrajudiciais, como se lê, já se iniciam como definitivas.

Crítica inicial sempre existiu na doutrina quanto à nomenclatura, pois "provisória", não obstante incorporar o fenômeno que representa, não seria o termo adequado, porque trata de antecipar o efeito da tutela executiva. Aqui não é caso de "antecipação", visto que provisório é o título e não a execução, que se processa do mesmo modo que a definitiva[38]. Na verdade, não se "antecipa" na execução provisória a atuação prática da vontade da lei, como explica *Lucon*, com respaldo em *Dinamarco*, "mas se permite a atuação prática da *atual vontade* da lei, que pode não coincidir com aquela aferida após cognição exauriente e definitiva"[39].

Na vigência do CPC de 1939, *Liebman* entendeu que, quando a sentença é exeqüível, apesar de não ter transitado em julgado, a execução que se promove estará sujeita à eventualidade da reforma da sentença em grau de recurso e, conseqüentemente, à possibilidade de ver desfazer-se o que foi feito e restabelecer-se o estado anterior[40]. Logo, para o mestre italiano, a qualidade de "provisória" manifestava-se pela probabilidade que a sentença tinha de ser reformada com o restabelecimento do estágio anterior àquelas medidas, daí a justificativa de regras especiais para esse tipo de execução.

Processualistas modernos, diante da necessidade de nova leitura do instituto, encontram nos "efeitos da sentença" o elemento essencial da definição, para defender a execução provisória como "o fenômeno da antecipação dos efeitos dos provimentos jurisdicionais de acordo com o momento e o grau de maturidade que o ordenamento jurídico entende por normal"[41]; ou ainda uma "execução precipitada no tempo em que, normal e usualmente, deveria ocorrer, ou seja, após o trânsito em julgado da sentença que forma o título executivo"[42].

Marinoni e *Arenhart* entendem que a expressão usada por *Carnelutti*, que falava em "execução imediata", é mais adequada que "execução provisória", porém

---

38 Cf. Araken de Assis, com apoio de Federico Carpi, Ricardo Hoffmann e Cássio Scarpinella Bueno (ASSIS, Araken de. *Manual de execução*. São Paulo: Revista dos Tribunais, 2007. p. 306).

39 LUCON, Paulo Henrique dos Santos. *Eficácia das decisões e execução provisória*, p. 207-208.

40 Ressalte-se que Liebman elaborou o conceito considerando a definição do CPC de 1939, tratado com maestria em sua obra *Processo de execução* (*Op. cit.*, p. 121). Não me parece justo criticar sua definição, ao argumento de que o restabelecimento do *status quo ante* não deve ser condição para a execução provisória.

41 Federico Carpi e nesse sentido também Ovídio A. Baptista da Silva, conforme pesquisa de LUCON, Paulo Henrique dos Santos. *Eficácia das decisões e execução provisória*, p. 208.

42 BUENO, Cássio Scarpinella. *Execução provisória e antecipação de tutela*. São Paulo: Saraiva, 1999. p. 161.

também não se mostra perfeita, porque não serve para diferenciar a sentença transitada em julgado da que ainda pende de confirmação ou reforma mediante recurso. Observação mereceu, igualmente, a expressão utilizada por *Federico Carpi*, pois "executividade provisória" não realça que provisório é o ato jurisdicional ou a decisão *lato sensu* e não a execução. Os autores preferem a denominação *sentença provisória com efeitos imediatos,* que representaria melhor que é a sentença que recebe o título de provisória, por depender de outra decisão, e não a execução, cujos efeitos imediatos são os mesmos da execução fundada em sentença transitada em julgado[43].

Com efeito, partindo da regulamentação do CPC, mesmo com suas alterações e sem embargo das formulações modernas, permanece atual parte da definição de *Liebman*, porque a provisoriedade da execução está diretamente ligada à suscetibilidade da reforma da sentença, sendo, portanto, permitido dizer que o mestre italiano também entendia que provisório é o título que ainda não se revestia do manto da coisa julgada. Não obstante a ausência do caráter definitivo, andou bem o legislador, desde a primeira codificação processual unitária, mesmo com restrições, em manter no regramento a hipótese de antecipar a atuação estatal para fazer valer o comando judicial, ainda que sob o risco processual de ser modificado, porque só assim possibilitou seu aperfeiçoamento.

A compreensão de risco processual ou também patrimonial passa pela reflexão do estado reversível do comando judicial. Ocorre que tal risco foi previsto pelo legislador, que impôs a caução ao *titular da posição jurídica de vantagem*[44] como meio adequado de afastar os efeitos perversos de uma execução provisória sem relação com o direito material.

Convém esclarecer que *atuação* estatal ou atuação da vontade da lei é concretizar determinada situação declarada pelo comando judicial, que ainda está sujeito a resultado desfavorável, razão pela qual *Chiovenda* ensinava que a execução provisória é *figura anormal*, porque ausente o atributo da certeza jurídica. Todavia, esse estado anômalo encontra sustentação no interesse social, que busca a pronta eficácia das decisões jurisdicionais, apesar da carência da condição irreversível[45].

Não obstante as restrições e cautelas, desde 1939 se extrai a idéia do legislador de que vale a pena a produção de efeitos externos ao processo decorrentes do título por assim dizer provisório, pois as vantagens obtidas na grande maioria dos casos têm muito mais significado social que eventuais males sofridos em casos proporcionalmente reduzidos — quanto aos quais, de resto, fica aberta a via defensiva, mediante a interposição de recursos e outros meios colocados à disposição pelo ordenamento jurídico[46].

---

43 MARINONI, Luiz Guilherme; ARENHART, Sérgio Cruz. *Op. cit.*, p. 358-359.
44 LUCON, Paulo Henrique dos Santos. *Eficácia das decisões e execução provisória*, cit., p. 211.
45 *Ibidem*, p. 210.
46 DINAMARCO, Cândido Rangel. *A instrumentalidade do processo*, p. 315.

E o Estado oferece tal medida porque ciente dos danos que podem ser causados pelo fator tempo, o que evidencia a tendência política a prestigiar a rápida solução dos litígios. O legislador pretende, na verdade, "pôr freios significativos à utilização abusiva dos instrumentos processuais", para deter aquele que quer utilizar-se de meios procrastinatórios, auxiliar a parte que possui vantagem e, com isso, dotar os órgãos jurisdicionais de maior credibilidade[47].

Inevitável o embate, em que, de um lado, está o credor que obteve decisão favorável, não obstante a sujeição à reversibilidade do provimento, e de outro, está o devedor, a quem interessa a demora e o julgamento do recurso para não sofrer invasão em seu patrimônio. Restam claros a preservação da segurança jurídica e o anseio da efetividade dos direitos, que se revela no imediato cumprimento das decisões. Por isso, forçoso concluir, juntamente com *Teori Albino Zavascki*[48], que a execução provisória também é *forma de solução conciliadora,* ao possibilitar a concretização do comando judicial ao credor e, ao mesmo tempo, proteger o devedor ao estabelecer-lhe garantias que visem ressarcir-lhe de prejuízos decorridos das práticas dos atos executivos.

Por todo o exposto, vale dizer que a natureza jurídica da execução provisória, expressão eleita pelo legislador e utilizada neste trabalho, com a ressalva de que provisório é o título no qual se funda a execução, é executiva e satisfativa e decorre necessariamente da lei. Executiva, porque inserida na tutela estatal, que admite atos de coerção e invasão do patrimônio do devedor, e satisfativa, porque antecipa os efeitos de uma decisão que ainda está suscetível a pronunciamento ulterior[49].

Dessa forma, o certo é que os propósitos, os fundamentos e a ideologia da execução provisória correspondem aos escopos jurídicos, políticos e sociais do processo trabalhista. Na fase em que mais se anseia por celeridade e efetividade, o direito processual do trabalho deve, na execução, buscar o único resultado prático possível: a satisfação do credor trabalhista. Para tanto, a idéia que se materializa na atuação antecipada dos efeitos da decisão trabalhista tem como sustentáculo a proteção do exeqüente contra os males que o tempo pode causar. O intento da execução provisória é nada mais que satisfazer, embora a decisão careça da qualidade de imutável, ela é, sem dúvida, imperativa e eficaz nos limites da legalidade.

Ao fazer-se real na vida do processo, a execução provisória responde ao objetivo jurídico da tutela jurisdicional executiva, que clama pela realização do resultado prático do direito material perseguido. Socialmente, equilibra o conflito por meio da balança de forças, estando, de um lado, o que legitimamente manifesta seu

---

47 LUCON, Paulo Henrique dos Santos. *Eficácia das decisões e execução provisória,* p. 233.

48 ZAVASCKI, Teori Albino. *Processo de execução* — parte geral. São Paulo: Revista dos Tribunais, 2004. p. 434.

49 Para Lucon, a natureza é executiva, pois seu objetivo único é a satisfação. Cita ainda a posição de Scarpinella Bueno, destacando que a *ratio* da execução provisória "é o reconhecimento de maior perigo no aguardo do julgamento do recurso que, propriamente, na pronta execução do julgado" (LUCON, Paulo Henrique dos Santos. *Eficácia das decisões e execução provisória,* p. 212).

inconformismo mediante a interposição de recursos e, do outro, o que legitimamente se qualifica como vencedor da reclamação e anseia pela atuação prática da vontade exarada na sentença. É a proposta da tão almejada pacificação social. No interior dessa seqüência, o objetivo político do processo trabalhista é atingido por meio do poder idôneo conferido ao Estado-juiz do trabalho, que deve agir em observância ao sistema normativo, velando pela amplitude e exercício dos direitos e deveres das partes no processo.

5. A execução provisória antes da Lei n. 11.232/2005 e o processo trabalhista

O tratamento dado inicialmente pelo CPC de 1973 à execução provisória, que no geral manteve as estruturas de 1939, conforme dito em linhas pretéritas, foi conservador e não a elevou, de fato e de direito, à qualidade de ferramenta ágil e apta a antecipar os efeitos da decisão. Tamanhas eram as restrições e exceções impostas que não se permitia enquadrá-la como meio satisfativo executivo, devido à proximidade com medidas preparatórias e com finalidades acautelatórias, sem que com estas últimas guardasse sinonímia.

Da forma pela qual elaborado o Código de 1973, as decisões de primeiro grau ficavam consideravelmente desprestigiadas, porque sua eficácia estava sempre sujeita a um ato ulterior, que na maioria das vezes a repetia. Isso porque, como dito, quando e nas hipóteses em que se possibilitava a execução provisória, esta se dava de forma incompleta, destinando-se apenas a fornecer garantias ao processo, devido à proibição de atos que importassem alienação do domínio[50].

Pois bem. A alteração que pode ser considerada como ensejadora de mudança comportamental referente à execução provisória foi a ocorrida em 13 de dezembro de 1994, por meio da Lei n. 8.952, que introduziu o instituto da antecipação de tutela no art. 273 do CPC. Por intermédio dessa inovação, permitia-se que uma decisão interlocutória, fruto de processo cognitivo superficial, produzisse mais efeitos que a sentença proferida após cognição exauriente.

Estudiosos de plantão consideraram o sistema processual contraditório, com distorções, repleto de incoerências, por permitir que um juízo de verossimilhança produzisse maiores efeitos que uma sentença produto de juízo de certeza[51]. Tida como marco no direito processual civil, a antecipação de tutela representa verdadeiro

---

50 LUCON, Paulo Henrique dos Santos. *Eficácia das decisões e execução provisória*, p. 339.

51 Nesse sentido, Cássio Scarpinella Bueno, Paulo Henrique dos Santos Lucon e Luiz Guilherme Marinoni, entre outros. O art. 273 do CPC, no *caput*, possibilita ao juiz, "a requerimento da parte, antecipar, total ou parcialmente, os efeitos da tutela pretendida, no pedido inicial, desde que, existindo prova inequívoca, se convença da verossimilhança da alegação". Os incisos e parágrafos que regem o instituto trazem a disciplina da antecipação, com fundamentos, requisitos, restrições e processamento de concessão e execução.

equilíbrio entre os valores segurança e tempo rumo à efetividade do procedimento ordinário ao possibilitar a efetivação do direito que lhe seria concedido ao final de uma cognição raramente célere[52].

A realização imediata da pretensão, não obstante a ausência do caráter definitivo, por meio da antecipação de tutela, utilizava a técnica da execução provisória, só que de forma completa. E no processo do trabalho a medida foi recepcionada devido à omissão expressa da CLT nesse sentido e considerada compatível com o princípio da celeridade, que rege o ramo laboral.

Na verdade, a partir dessa concepção de que algo deveria ser mudado no sistema de modo que sanasse as incoerências, a execução provisória ganhou certa eficácia prática com o advento da Lei n. 10.444, de 7 de maio de 2002, que também alterou o art. 273 do CPC para que lhe fossem aplicadas integralmente as mesmas regras do art. 588 do CPC no tocante à efetivação da tutela antecipada.

O art. 588 do CPC sofreu sensíveis alterações, com destaque para as seguintes: I – a exigência de caução para dar início à execução foi suprimida; II – o levantamento de dinheiro e a possibilidade de atos que importavam alienação de domínio foi permitida sob caução; § 2º do artigo: foi dispensada caução para créditos de natureza alimentar, até o limite de sessenta vezes o salário mínimo, nas hipóteses de exeqüente em estado de necessidade, o que certamente representou, ao lado das demais, o grande salto de qualidade com vistas à efetividade.

O inciso I do art. 588, que antes exigia caução para o início da execução provisória, cedeu lugar a sua dispensa, em obediência à jurisprudência dos tribunais e do Superior Tribunal de Justiça, que vinham sedimentando o entendimento de que a prestação de caução não se fazia necessária para início da execução provisória quando ausente qualquer possibilidade de risco de dano para o executado[53].

De fato, exigir caução para iniciar a execução provisória quando o executado não estava sofrendo qualquer ameaça de perda de posse ou domínio de seus bens era tornar letra morta toda a estrutura da execução provisória. E, se no processo civil tal medida já causava entraves, no processo do trabalho com muito mais vigor, em face da corriqueira situação de economicamente débil do exeqüente, e nem sequer foi aplicada, diante da incompatibilidade brutal com os princípios norteadores desse ramo. Nesse sentido era a jurisprudência do TST, na esteira da Súmula n. 194[54].

---

52 RIBEIRO, Leonardo Ferres da Silva. *Op. cit.*, p. 34.

53 BUENO, Cássio Scarpinella. *Dinâmica do efeito suspensivo e da execução provisória*, p. 230.

54 "Execução provisória. Caução. Para que o credor, em geral o empregado, promova a execução prevista no art. 588, I, do CPC, não se exige caução, pois tal exigência, considerando a situação econômica do trabalhador, inviabiliza o exercício do direito que lhe confere o art. 899 da CLT. Além disso, a CLT permite a execução provisória até a penhora, já que os recursos trabalhistas têm efeito meramente devolutivo. Recurso ordinário a que se nega provimento" (TST. SDI-RO MS 764/88.7. Rel. Min. Guimarães Falcão, DJU 14.11.91, p. 16.402. In: BONFIM, B. Calheiros; SANTOS, Silvério dos. *Dicionário de decisões trabalhistas*. 24. ed. São Paulo: Edições Trabalhistas, 1994. p. 301).

Para *Dinamarco*, a tônica maior das alterações trazidas pela Lei n. 10.444/2002 [...] foi a busca de um equilíbrio entre a facilitação da execução provisória, para efetividade da tutela oferecida ao credor, e a segurança do devedor ameaçado ou talvez mesmo prejudicado por uma execução que depois pode revelar-se injusta[55].

Sob essa nova panorâmica, a regra da prestação de caução para dar início caiu por terra e foi recolocada como cláusula geral condicionada aos atos de alienação de domínio de bens do executado e ao levantamento de depósito em dinheiro.

A possibilidade criada no inciso II do art. 588 do CPC de levantamento de depósito em dinheiro e a prática de atos que importassem alienação de domínio, dependente de caução idônea "requerida e prestada nos próprios autos da execução", representou o que a Exposição de Motivos do projeto legislativo chamou de "parâmetros já consagrados" em países como Alemanha, Portugal e Itália, para maior abrangência e eficácia da execução provisória, de "molde a permitir que o exeqüente possa realmente, de regra sob caução, receber o bem da vida que o julgamento lhe reconheceu ou atribuiu"[56].

O § 2º introduzido no art. 588 do CPC tratava da dispensa de caução em três circunstâncias, que deveriam ocorrer cumulativamente: créditos de natureza alimentar, até o limite de sessenta salários mínimos e considerando o estado de necessidade do exeqüente. A preocupação patente do legislador com a satisfação de necessidades fundamentais do exeqüente correspondeu aos escopos jurídicos, políticos e sociais das normas processuais. Inegavelmente, incluídos nos créditos de natureza alimentar encontram-se os créditos trabalhistas.

Wagner Giglio, ao comentar o art. 588, I e II, do CPC, entende que ao processo do trabalho não se aplica a exigência de caução, razão pela qual o exeqüente não se obriga a reparar o dano causado, da mesma forma que também não procede ao levantamento do depósito em dinheiro. Com base nessa interpretação restritiva e distante dos objetivos perseguidos pelo processo segundo a visão da instrumentalidade, o ilustre autor considerou incompatíveis os dispositivos citados com o processo do trabalho, também em face da expressão do art. 899 da CLT, que prevê a execução provisória "até a penhora". Todavia, nesse caso, entende que "até a penhora" compreende que não se estanca na apreensão de bens; só não abrangerá atos que importem em alienação[57].

Súmula n. 194: "AÇÃO RESCISÓRIA. JUSTIÇA DO TRABALHO. DEPÓSITO PRÉVIO — Revisão da Súmula 169 — RA 102/1982, DJ 11.10.1982 e DJ 15.10.1982 — As ações rescisórias ajuizadas na Justiça do Trabalho serão admitidas, instruídas e julgadas conforme os arts. 485 *usque* 495 do Código de Processo Civil de 1973, sendo, porém, desnecessário o depósito prévio a que aludem os respectivos arts. 488, II, e 494 (Res. 2/1984, DJ 04.10.1984)."

55 DINAMARCO, Cândido Rangel. *A reforma da reforma*. 6. ed. São Paulo: Malheiros, 2003. p. 255.
56 Conforme Exposição de Motivos, n. 276, Mensagem n. 1.112/2000. Disponível em: <www.camara.gov.br>.
57 GIGLIO, Wagner D. *Direito processual do trabalho*, p. 527.

Em sentido contrário, *Manoel Antonio Teixeira*, revendo posicionamento anterior, afirma, ao comentar o artigo, que a incompatibilidade deixaria de existir quando o credor pretendesse levantar a quantia que o devedor depositou para fim de interpor o recurso ou garantir a execução, antes do trânsito em julgado da sentença, hipótese em que seria possível, a princípio, o levantamento de valores mediante caução, salvo expressa exceção do § 2º do art. 588 do CPC. Continua o douto jurista afirmando que a expressão "até a penhora", utilizada no art. 899 da CLT, não apresenta obstáculo para que o juiz libere valores ao exeqüente, uma vez preenchidos os requisitos do § 2º do art. 588 do CPC, porque considera que a regra geral contida no artigo em referência admite a exceção. Destaca ainda que o risco de o exeqüente ter de devolver os valores "não é muito acentuado, levando-se em conta o fato de a sentença exeqüenda haver julgado o mérito em seu benefício"[58].

É certo que a posição mais acertada, sob a égide da Lei n. 10.444/2002, é pela compatibilidade do artigo modificado com as exigências da celeridade, tida como princípio do processo do trabalho. A dispensa da caução, uma vez satisfeitos os requisitos que o legislador determinou de forma taxativa, como a natureza alimentar do crédito até o limite de sessenta salários mínimos quando o exeqüente se encontrasse em estado de necessidade, possibilitava ao credor trabalhista comumente se enquadrar às exigências da lei, razão pela qual o levantamento de dinheiro ou a efetivação de atos que importassem alienação de domínio foram praticados seguindo a interpretação teleológica, que visava aos escopos sociais, políticos e jurídicos da execução provisória[59].

A dicção "até a penhora", usada no art. 899 da CLT, tanto à época da reforma quanto agora, é motivo de muita controvérsia. Antes de qualquer comentário, convém recordar que a redação do *caput* do art. 899 da CLT é de 1946 pelo Decreto-lei n. 8.737, portanto, durante a vigência do Código de Processo Civil de 1939, de feição conservadora, restritiva e limitativa da execução provisória, com função subvertida apenas a acautelar e preparar uma futura execução definitiva.

Com o CPC de 1973 e suas reformas, em especial as Leis n. 8.952/94 (art. 273, antecipação de tutela) e 10.444/2002 (art. 588, execução provisória), o art. 899 da CLT continuou recebendo de muitos juristas a mesma leitura literal, como se seu suporte subsidiário jamais tivesse sido alterado. Conquanto a CLT não se tenha preocupado em sistematizar a execução provisória e sendo omissa a Lei de Executivos Fiscais, o CPC sempre foi utilizado como fonte subsidiária principal da matéria. A ilação lógica seria de o art. 899 da CLT ser reinterpretado no tempo e modo pelo qual a reforma do CPC exigia. Todavia, não foi o que aconteceu.

A interpretação segundo a qual a execução provisória não poderia ir além da penhora era consenso até a Lei n. 10.444/2002. Após a alteração do art. 588 do CPC, que possibilitou o levantamento de dinheiro e atos que importassem alienação

---

58 TEIXEIRA FILHO, Manoel Antonio. *Execução no processo do trabalho*, p. 124.
59 BUENO, Cássio Scarpinella. *A nova etapa da reforma do Código de Processo Civil*, v. 1, p. 147.

de domínio, a questão que gerava dissenso era saber qual o último ato a ser praticado na execução provisória trabalhista e o que exatamente representava o "até a penhora". Ato contínuo às medidas do inciso II do art. 588 do CPC aplicadas ao processo do trabalho, dúvida surgiu quanto ao manejo, processamento e julgamento dos meios defensivos disponíveis às partes, como embargos à execução, agravo de petição e embargos de terceiro.

Para *José Augusto Rodrigues Pinto*, num primeiro momento, a expressão do art. 899 da CLT alcançava os atos de acertamento e de constrição, salvo os embargos e seu julgamento. Posteriormente, acreditando que o processo civil pretendeu abranger a totalidade dos atos de constrição, o autor sustentou que era inteiramente compatível com a índole trabalhista prosseguir até o fim dos atos de constrição, que seria a sentença que julga a execução, vedados somente os meios executórios de alienação do patrimônio do executado[60].

Ísis de Almeida e *Pedro Paulo Teixeira Manus* pronunciaram-se no sentido de que os atos deveriam estacionar na penhora, sem abranger os que cuidavam da subsistência desta. Entenderam não razoável que se julgassem os embargos à penhora na execução provisória, pois o recurso poderia ser provido no tribunal superior, e se inutilizaria uma série de atos, inclusive o agravo de petição que caberia da decisão do juiz da execução. O mesmo não se aplica, contudo, aos embargos de terceiro, que devem ser processados e julgados, porque se relacionam apenas com a penhora efetuada, e não com o julgamento do recurso interposto[61].

É de *Coqueijo Costa* um bom exemplo de resposta, mesmo antes da Lei n. 10.444/2002, mas que com ela, nesse tópico, guardou correspondência e atualidade. Ao lembrar que na execução definitiva o executado pode embargar a penhora e demonstrar eventual e possível ilegalidade, que será reconhecida ou não em sentença, não permitir o mesmo procedimento na execução provisória seria o absurdo de tratar com mais rigor o executado diante de uma situação jurídica sujeita a recurso do que quando definitivamente devedor[62].

Na verdade, importa pensar na seqüência de atos como premissa para nossa conclusão. Processando-se a execução provisória do mesmo modo que a definitiva, temos que, quando ilíquida a sentença trabalhista, haverá a necessidade do ato de liquidação, quantificação ou acertamento, por meio do qual o título executivo adquire o atributo da liquidez (art. 879, *caput*, da CLT), momento em que, conforme o art. 880 da CLT, será expedido o mandado de citação e penhora contendo a identificação das partes, a assinatura do juiz e o teor da sentença exeqüenda ou do acordo não

---

60 RODRIGUES PINTO, José Augusto. *Op. cit.*, p. 55.
61 ALMEIDA, Ísis de. *Manual de direito processual do trabalho.* 10. ed. São Paulo: LTr, 2002. v. 2. p. 490; MANUS, Pedro Paulo Teixeira. *Execução de sentença no processo do trabalho*, cit., p. 58. Com a mesma posição: MARTINS, Sergio Pinto. *Direito processual do trabalho.* 25. ed. São Paulo: Atlas, 2006. p. 642.
62 COQUEIJO COSTA, Carlos. *Op. cit.*, p. 606.

cumprido. Ao ser intimado nos termos do citado artigo, o executado terá 48 horas para garantir a execução com o ato de depósito do valor determinado, sob pena de penhora de bens suficientes para tanto (art. 883 da CLT).

A penhora consiste então no ato executivo por meio do qual o Estado-juiz invade o patrimônio do devedor em benefício do credor, autorizando o oficial de justiça a avaliar e julgar quais os bens passíveis de penhora. Efetuada a penhora ou garantido o juízo, ao devedor necessariamente é oportunizada a via dos embargos à execução, dispostos no art. 884 da CLT, no prazo de cinco dias, ocasião em que poderá alegar matéria de defesa referente à penhora efetivada e também impugnar os cálculos; igualmente o exeqüente, se ainda não tiver feito sob a obediência do procedimento alternativo do art. 879, § 2º, da CLT, que concede prazo de dez dias para as partes se pronunciarem sobre a sentença de liquidação.

Diante desse percurso, forçoso entender que os embargos e impugnações oferecidos por qualquer das partes, porque o exeqüente também poderá insurgir-se em face da penhora realizada e da conta de liquidação, merecem processamento e julgamento na execução provisória do mesmo modo que se faria na definitiva, porque a regra é que a provisória *se faça do mesmo modo* para que se possa aperfeiçoar o requisito da dicção "até a penhora" do art. 899 da CLT, sob pena de cercear o direito das partes à defesa e de levar à ineficácia a tutela jurisdicional executiva[63]. Ou seja, de tal sorte que o rito seguinte ao art. 884 da CLT, inclusive em execução provisória, é dar continuidade rumo ao julgamento da subsistência ou não da penhora, conforme os arts. 885 e 886 da CLT.

Com efeito, e sem desdouro das opiniões em contrário, o "até a penhora" deve, primeiro em respeito à própria literalidade do termo *penhora*, ir ao limite de seu

---

63 Nesse sentido: "ACÓRDÃO 00518-2001-012-04-01-3 AP. Data de Publicação: 30.3.2007. EMENTA: DA EXECUÇÃO PROVISÓRIA. SUSPENSÃO DO FEITO. O *caput* do artigo 899 da CLT admite a execução provisória da sentença quando o recurso interposto é recebido no efeito meramente devolutivo. Esta execução encontra na penhora o seu termo final. O limite imposto à execução 'até a penhora' não significa que, realizada a apreensão de bens, estanca-se o andamento processual, pois a execução provisória só não abrangerá os atos que importem na alienação de bens, de modo que deve ser dado provimento parcial ao agravo de petição do exeqüente para determinar o julgamento dos embargos à execução opostos pelo executado e da impugnação à sentença de liquidação apresentada pelo exeqüente. Provido parcialmente. Porto Alegre, 21 de março de 2007. JUIZ RELATOR HUGO CARLOS SCHEUERMANN" (Disponível em: <www.trt4.gov.br>). Valentin Carrion admite a apresentação e o julgamento dos embargos à execução e realização de todos os atos que têm função preparatória (*Comentários à Consolidação das Leis do Trabalho*. 24. ed. São Paulo: Saraiva, 2003. p. 711). Em sentido contrário: "Execução provisória. Efeitos de decisão judicial posterior que vem reformar a decisão que até então vinha sendo provisoriamente executada. Se a decisão em que se funda a execução provisória é reformada, e é o réu então absolvido, não poderão mais prevalecer os atos de constrição patrimonial praticados no curso e em razão da execução provisória em tela. Poderão, quando muito, ser tidos como válidos os atos referentes à liquidação de sentença, para que, na hipótese da decisão que arrimava a execução provisória vir a ser restabelecida em sede recursal ainda superior, não se tenha que repetir os atos de liquidação do título judicial" (TST-RO-MS-46.821/92.6 — Ac. SDI 711/93 — Red. Desig. Min. Vantuil Abdala — DJU 14.05.93. In: PINTO, Cristiano Paixão Araújo. *Coletânea de jurisprudência trabalhista*. Porto Alegre: Síntese, 1996. p. 227).

conceito, o que significa atingir a perfeição. Por isso, inconcebível a não-intimação do executado para o oferecimento de embargos, e, o pior, intimando o juízo a oferecê-los e, fazendo-o o executado, privá-lo do processamento e julgamento seria mal maior. Em casos tais, se sobrestados os embargos até o julgamento do recurso, teríamos a situação da penhora de bens indefinida e imperfeita para os autos e indisponível para o executado, o que não seria razoável.

A sentença que julga os embargos de execução e impugnações referentes aos cálculos está sujeita ao recurso de agravo de petição — art. 897, *a*, §§ 1º e 3º, da CLT. Os argumentos de que a interposição do agravo de petição causaria o tumulto processual de ter dois recursos em trâmite no mesmo órgão jurisdicional, ou em tribunais diferentes (o regional e o superior), e ocorrendo a reforma da decisão que está sendo executada provisoriamente, implicaria a inutilidade dos atos praticados, salvo melhor juízo, não pode prevalecer, pelas mesmas razões expostas para os embargos à execução e porque distante dos propósitos, ideologias e fundamentos da execução provisória e do próprio processo trabalhista, que prezam pela celeridade e eficácia das decisões.

A execução provisória, segundo os ditames dos arts. 589 e 590 do CPC, processava-se em autos suplementares ou por carta de sentença, extraída do processo pelo diretor de secretaria, contendo peças essenciais dispostas taxativamente na lei (autuação, petição inicial e procuração das partes, certidão de interposição do recurso sem efeito suspensivo, decisão de habilitação, se fosse o caso, contestação, sentença exeqüenda, despacho do recebimento do recurso) e outras que porventura a parte julgasse necessárias.

Pois bem. As considerações sobre a execução provisória antes da Lei n. 11.232/2005 e o processo do trabalho auxiliam nas mudanças necessárias quanto à interpretação e aos métodos que se farão inevitáveis neste momento histórico de reformas em que se objetiva um Judiciário mais célere e justo. Os operadores das normas do processo trabalhista devem, a partir de agora, buscar novos paradigmas e abandonar posturas dissociadas da realidade prática que a norma material visa a proteger com ferramentas como a nova execução provisória, que supera o conceito de providências cautelares para efetivamente fazer valer a vontade satisfativa executiva do Estado-juiz.

6. A execução provisória depois da Lei n. 11.232/2005 e o processo trabalhista

De autoria de ilustres processualistas, entre eles *Athos Gusmão Carneiro*, a Lei n. 11.232/2005, no que tange à execução provisória disciplinada no art. 475-O do CPC, manteve as vigas mestras do art. 588, revelando, todavia, uma postura antiformalista, com mais alterações "de redação" do que necessariamente de conceitos ou procedimentos. Mas a expressão utilizada pelo nobre jurista que concebeu o projeto, ao comentar um de seus incisos, representa o fundamento para a manutenção e o aprimoramento da prática da execução provisória, isto é, desestimular o manejo de recursos "apenas para ganhar tempo"[64]. Opção que por sua vez revela a busca pela duração razoável do processo e de meios que garantam sua celeridade em conformidade com o mandamento constitucional.

As normas que atualmente regem a execução provisória por força das alterações da Lei n. 11.232/2005 deverão atender ao disposto no art. 475-O do CPC, a seguir transcrito:

> "A execução provisória da sentença far-se-á, *no que couber*, do mesmo modo que a definitiva, observadas as seguintes normas:
>
> I – corre por *iniciativa*, conta e responsabilidade do exeqüente, que se obriga, se a sentença for *reformada*, a reparar os *danos* que o executado *haja sofrido*;
>
> II – fica sem efeito, sobrevindo acórdão que modifique ou anule a sentença objeto da execução, restituindo-se as partes ao estado anterior e liquidados eventuais prejuízos nos *mesmos autos*, por *arbitramento*;
>
> III – o levantamento de depósito em dinheiro e a prática de atos que importem alienação de *propriedade* ou dos quais possa resultar grave dano ao executado dependem de caução *suficiente* e idônea, *arbitrada de plano* pelo juiz e prestada nos próprios autos.
>
> § 1º No caso do inciso II do *caput* deste artigo, se a sentença provisória for modificada ou anulada apenas em parte, somente nesta ficará sem efeito a execução.
>
> § 2º A caução a que se refere o inciso III do *caput* deste artigo poderá ser dispensada:
>
> I – quando, nos casos de crédito de natureza alimentar ou *decorrente de ato ilícito*, até o limite de sessenta vezes o valor do salário mínimo, o exeqüente demonstrar situação de necessidade;
>
> II – nos casos de execução provisória em que penda agravo de instrumento junto ao Supremo Tribunal Federal ou ao Superior Tribunal de Justiça (art. 544), salvo quando da dispensa possa manifestamente resultar risco de grave dano, de difícil ou incerta reparação.
>
> § 3º Ao requerer a execução provisória, o exeqüente instruirá a petição com cópias autenticadas das seguintes peças do processo, podendo o advogado valer-se do disposto na parte final do art. 544, § 1º:
>
> I – sentença ou acórdão exeqüendo;
>
> II – certidão de interposição do recurso não dotado de efeito suspensivo;
>
> III – procurações outorgadas pelas partes;
>
> IV – decisão de habilitação, se for o caso;
>
> V – *facultativamente, outras peças processuais que o exeqüente considere necessárias*" [sem grifos no original].

Como se vê na nova sistemática, os artigos que regulamentavam a execução provisória (588 a 590 do CPC) foram revogados, e seus conteúdos, em sua maior

---

64 CARNEIRO, Athos Gusmão. Cumprimento da sentença conforme a Lei 11.232/2005. In: WAMBIER, Teresa Arruda Alvim (Coord.). *Aspectos polêmicos da nova execução de títulos judiciais*: Lei n. 11.232/2005. São Paulo: Revista dos Tribunais, 2006. p. 81.

parte, transpostos para o art. 475-O, optando o legislador por concentrar apenas em um artigo e subdividi-lo em parágrafos. O motivo da mudança do Livro II do CPC para o Livro I é justificado pelo fato de a localização das execuções fundadas em título judicial, "realizadas mediante processos sincréticos"[65], figurar atualmente no Livro I do CPC. O cumprimento de sentença judicial ou execução de título executivo judicial no processo civil passa a ser considerado uma "fase" seqüencial e lógica do processo de conhecimento, razão do sincretismo.

A mudança de procedimento, na verdade, reflete o que no processo trabalhista em sua prática forense se materializa desde sua gênese, por meio da execução imediata e por ofício das sentenças transitadas em julgado e dos acordos não cumpridos nos mesmos autos da reclamação. Em todo caso, as reformas efetuadas no processo civil por certo se refletem na órbita trabalhista, em especial quando o CPC é fonte subsidiária principal do instituto, como o é da execução provisória.

O estudo do novo regramento da execução provisória e sua aplicação no processo do trabalho inicia-se pela avaliação da expressão *no que couber*, pois o *caput* do art. 475-O, ao mencionar que a execução provisória se fará *do mesmo modo que a definitiva*, em nada alterou o que o antigo art. 588 já dizia, apenas reforça que a provisoriedade é do título, cujos efeitos se farão sentir pelos procedimentos e meios executórios praticados como se a execução definitiva fosse, naquilo, obviamente, que *couber* em face das limitações impostas pela lei.

Outra interpretação, que com esta se completa e se solidifica, é a que concebe a expressão *no que couber* como uma "abertura ou flexibilidade do texto da lei em decorrência necessária da interpretação constitucional do processo", o que significa dizer que toda e qualquer norma infraconstitucional deve guardar consonância com aquilo que a Constituição prevê para o processo[66].

Com insistência se reafirma que, diante da literalidade e legalidade do preceito em comento, do mesmo modo que a execução de sentença definitiva, não se pode subtrair das partes o direito de terem todos os meios defensivos e impugnativos garantidos, pois o respeito ao contraditório e à ampla defesa (art. 5º, LV, da CF) implica, robustamente o processamento e julgamento das medidas em execução provisória, do mesmo modo que na definitiva. Razão pela qual se mantém o argumento para que os embargos à execução, agravo de petição e qualquer matéria pertinente a tornar subsistente a penhora e tornar líquido o título executivo judicial devam ser julgados sob o rito comumente utilizado na CLT e fontes subsidiárias na execução definitiva.

---

65 Sobre processo sincrético, recomenda-se a leitura de CARREIRA ALVIM, J. E. Execução de sentenças penal, arbitral e estrangeira (art. 475-N, parágrafo único, do CPC) — processo de execução ou execução sincretizada (cumprimento). In: WAMBIER, Teresa Arruda Alvim (Coord.). *Aspectos polêmicos da nova execução de títulos judiciais*: Lei 11.232/2005. São Paulo: Revista dos Tribunais, 2006.

66 BUENO, Cássio Scarpinella. *A nova etapa da reforma do Código de Processo Civil*, v. 1, p. 147.

Acrescenta-se, ainda, em memória ao que já foi dito, a importância da aplicação do inciso LXXVIII do art. 5º da CF à execução provisória como modo de satisfazer o modelo de processo que a constituição proclama, de duração razoável e com todos os meios que garantam sua celeridade. Avulta notar, então, a correspondência entre o mandamento constitucional e a prática de atos como processamento e julgamento dos meios defensivos, como medida que visa à satisfação dos escopos da execução provisória.

Contrariamente, há quem permaneça com a compreensão de que é técnica salutar a de sobrestar os embargos até o trânsito em julgado do recurso, porque tal execução "normalmente não vai além da penhora de bens", o que contraria a própria premissa de que o art. 475-O se aplica ao processo do trabalho. Ora, admitindo a aplicação, dever-se-ia então dedicar ao art. 899 da CLT uma leitura consoante a norma subsidiariamente aplicada, o que por certo não ocorre para essa corrente[67].

Ao dizer o legislador que a execução provisória *corre por iniciativa do exeqüente*, inovou em relação ao antigo art. 588, porquanto este dizia apenas *corre por conta...* Há de se interpretar que a regra da *iniciativa* da parte é aplicável ao processo do trabalho com a mesma amplitude que no processo civil. Evidente que a peculiaridade da execução trabalhista, consoante o exposto no art. 878 da CLT, é que o início da fase satisfativa do credor trabalhista prescinde do impulso deste, fazendo-o o próprio Estado-juiz. Ocorre que a execução provisória é exceção, pois a regra é a executividade das sentenças transitadas em julgado, como claramente dispõe o art. 876 da CLT. Por isso, compatível, sim, com o processo do trabalho e também consoante com seus princípios, que o exeqüente demonstre sua vontade de ver a atuação concreta da lei, num momento que ainda não é o ideal em virtude do não-revestimento da coisa julgada e que pode vir a trazer-lhe ônus por vezes insuportável.

A decisão do requerimento pelo exeqüente deve ser sopesada com as condições do processo, as matérias debatidas e um juízo prévio de viabilidades e probabilidades do ato confirmador ou reformador, máxime por ter o executado o respaldo legal do ressarcimento de danos por força da reforma da decisão. O exeqüente trabalhista deve, necessariamente, manifestar sua vontade de antecipar os efeitos da decisão, ciente dos eventuais riscos que possa vir a sofrer. Exatamente por essa possibilidade de vir o exeqüente a sofrer o ônus da reparação de danos, a postura inquisitorial do juiz trabalhista deve ser mitigada nesse ponto para não partilhar com o Estado a responsabilidade pelo início da execução provisória.

Ponto importante que sobressai dessa "iniciativa" do exeqüente é a questão da responsabilidade por danos sofridos pelo executado nos casos de reforma da sentença. Na esfera trabalhista o tema é incômodo. O credor, via de regra, é considerado economicamente débil ou hipossuficiente e pleiteia verbas de natureza alimentar,

---

67 OLIVEIRA, Francisco Antônio. A nova reforma processual — reflexos sobre o processo do trabalho — Leis ns. 11.232/2005 e 11.280/2006. *Revista LTr*, v. 70, n. 12, dez. 2006, p. 1421-1429.

pelo que a reforma da decisão implicará o ressarcimento dos danos que porventura o executado tenha sofrido. Note-se que, ao contrário da redação anterior do art. 588, I, o legislador da Lei n. 11.232/2005 preferiu vincular a responsabilidade aos danos sofridos e não aos que venha a sofrer o executado, o que implica a dedução de que a reparação só terá lugar depois que o executado efetivamente tiver sofrido os danos.

A doutrina consente em reconhecer que a responsabilidade é objetiva, independentemente de culpa, o que seria *impossível*, porque o "dever indenizativo surge tão-só do desfazimento do título, seja qual for o meio. O exeqüente indenizará em razão da prática de atos (processuais) lícitos"[68].

A realidade revela-nos que em raríssimas hipóteses o exeqüente trabalhista, dadas as suas carências de modo geral, terá condições de ressarcir o dano causado ao executado, por razões óbvias. Equacionar a efetividade da tutela executiva com a celeridade pela satisfação do crédito do exeqüente é matemática para o intérprete desenvolver dentro da casuística. Inviável traçar conduta a ser seguida; cabe, todavia, a advertência da cautela necessária do Estado-juiz, que, diante dos fatos, ou melhor, dos autos, terá condições de elaborar um juízo de probabilidade quanto à reforma da sentença antes de praticar atos que importem a alienação de propriedade de bens e liberação de valores.

Na hipótese de ter o exeqüente de ressarcir os danos, tal procedimento executivo se dará nos mesmos autos, e a liquidação dos prejuízos sofridos será por arbitramento, conforme texto de lei. Correta, todavia, é a leitura que se faz, em respeito ao *modelo constitucional do processo*[69], de que a liquidação poderá ser feita de outro modo, por simples cálculo ou por artigos, desde que responda à correta quantificação do dano a ser reparado.

Vale consignar que o legislador se referiu à *reforma* da sentença no inciso I ao tratar da responsabilidade de indenizar e, no inciso II, acrescentou o termo *anulação* da sentença, redação que gerou dúvida quanto às hipóteses de reparação e de liquidação de danos a que o exeqüente estaria sujeito. Seria apenas em caso de reforma e não de anulação da sentença que o exeqüente teria obrigação de reparar os danos? Explica-se: há quem entenda que há razão lógica para que o legislador tenha feito dessa forma. A pergunta é: apenas a hipótese de reforma da sentença gera a responsabilidade do ressarcimento de danos? Se se considerar que o credor só poderá ser responsabilizado quando a nova sentença lhe for desfavorável, a resposta será simples e afirmativa. No caso de anulação, a sentença que antes concedia vantagem jurídica ao credor deixa de existir e um novo julgamento será realizado. Com a imposição de nova sentença, poderá haver nova situação favorável ao exeqüente, com chances de recurso e execução imediata sobre novo título. Assim, necessário, por suposto, que a responsabilidade do exeqüente fique limitada à hipótese de reforma da sentença, visto que,

---

68 ASSIS, Araken de. *Op. cit.*, p. 312.
69 BUENO, Cássio Scarpinella. *Op. cit.*, v. 1, p. 152.

em caso de anulação, apenas depois do resultado do novo julgamento se poderia falar em responsabilidade do exeqüente[70].

Contra esse entendimento, existe a defesa de que não há lugar para dúvidas interpretativas, visto que, seja em caso de reforma ou de anulação, o exeqüente será responsabilizado na exata medida em que o título tenha sido modificado ou reformado ao longo do segmento recursal, regra que, para essa assertiva, já estava prevista no § 1º do art. 588 do CPC e foi mantida no art. 475-O, I e II[71].

Parece pertinente elevar o que de razoável sustentam as duas opiniões e qual leitura socorrerá em melhor medida o processo do trabalho. A primeira opinião entende que, no caso de anulação de decisão, não gera a responsabilidade do credor em indenizar o então devedor com a ressalva de que a anulação de decisão a que se refere diz respeito aos vícios de atividade jurisdicional ou *error in procedendo*, cuja prática invalida o ato judicial e se afasta de seu conteúdo.

De qualquer forma, ainda que sobrevenha anulação da decisão, os atos praticados no curso da execução provisória na pendência do julgamento podem vir a causar danos ao executado, que, por sua vez, recebe do Estado a proteção e a garantia constitucional de que danos sofridos merecem reparação. Ignorar tal preceito seria afrontar o modelo de processo proposto pela norma fundamental, argumento que auxilia o segundo pensamento.

Na verdade, sob a ótica do credor, especialmente o trabalhista, difícil aceitar que por erro de atividade jurisdicional a sentença "deixou de existir" e que os danos sofridos pelo devedor, provenientes daquela decisão que foi anulada, deverão ser liquidados e ressarcidos. Não obstante a dificuldade em equacionar a situação, quando o legislador ofereceu ao credor a possibilidade de antecipar os efeitos da decisão, a noção do risco processual foi considerada e jamais poderá ser ignorada pelo exeqüente em todas as suas nuanças.

Daí por que a execução provisória é uma faculdade, que necessita da manifestação de vontade do exeqüente em ato de consciência sobre os riscos a que está sujeito nos casos de reforma e também de anulação, nos termos da redação do inciso I, completado pelo inciso II, porque ao devedor também é assegurada a mesma garantia constitucional de sentir a concreção daquilo que a tutela jurisdicional prevê.

Não sem sentido e sem valor que o legislador, desde a Lei n. 10.444/2002, manteria a regra de restituição "às partes ao estado anterior", superando a impropriedade e alargando o que antes apenas estabelecia "restituindo-se as coisas no estado anterior", para referendar de modo integral que o executado, quando da reforma ou anulação do julgado, terá o direito ao retorno à situação anterior, o que implica dizer que, nas hipóteses

---

70 RIBEIRO, Leonardo Ferres da Silva. *Op. cit.*, p. 187, utilizando-se da construção de FERREIRA, William Santos. *Aspectos polêmicos e práticos da nova reforma processual civil*. Rio de Janeiro: Forense, 2002.

71 BUENO, Cássio Scarpinella. *A nova etapa da reforma do Código de Processo Civil*, v. 1, p. 186.

em que não seja possível a restituição do bem dado em garantia por força de transferência de propriedade a terceiros de boa-fé, há de optar pela reparação pecuniária[72].

É o inciso III do art. 475-O do CPC que, sem dúvida, desperta maior atenção quanto aos reflexos na execução trabalhista, o que importará em mudança de conceito e procedimentos.

Ao permitir o levantamento de depósito em dinheiro e a prática de atos que importem alienação de *propriedade*, o artigo alterou a antiga redação que antes usava a expressão alienação de *domínio*, o que de fundo novidade alguma trouxe: apenas se adequou à linguagem do Código Civil de 2002[73]. O levantamento de depósito em dinheiro e a prática de atos que importem alienação de propriedade se farão mediante caução suficiente e idônea caso possam resultar em grave dano ao executado. A caução será arbitrada de plano pelo juiz e prestada nos mesmos autos.

Pela importância trataremos do inciso por partes, sempre sob a ótica da execução trabalhista e a visão instrumental que se pretende ter do processo de resultados, com vistas à consecução dos escopos jurídicos, políticos e sociais. A fonte legal norteadora de rumos é o inciso LXXVIII do art. 5º da CF.

1º) O levantamento de depósito em dinheiro, a caução e sua dispensa

Ressaltou-se no item 5 deste capítulo a importância da Lei n. 10.444/2002 para que a execução provisória fosse reinterpretada, considerando sua real função de antecipar os efeitos da decisão, e não mais como técnica acautelatória ou mera preparação para a execução definitiva. A possibilidade oferecida ao exeqüente de levantamento de valores trouxe à execução provisória a feição de execução completa, o que antes só era aceito para a execução definitiva.

Pelo tratamento dado anteriormente à reforma de 2002, a execução provisória só poderia ser incompleta, porque não permitia atos que importassem alienação de domínio. Tal fato hoje não mais se sustenta diante do permissivo legal. Ainda que sob a segurança da caução, a execução provisória pode fazer-se completa com a satisfação do direito do credor mediante o levantamento de valores.

Mantida a possibilidade de levantamento de dinheiro pela Lei n. 11.232/2005, se desta resultar *grave dano* ao executado, dependerá de caução suficiente e idônea, arbitrada de plano pelo juiz nos próprios autos. A caução está diretamente ligada à noção do risco processual, funcionando como segurança de ressarcimento em casos de reversibilidade da decisão.

---

72 Conforme as opiniões de LUCON, Paulo Henrique dos Santos. *Eficácia das decisões e execução provisória*, cit., p. 418, RIBEIRO, Leonardo Ferres da Silva. *Op. cit.*, p. 191.

73 Código Civil: "Art. 1.228. O proprietário tem a faculdade de usar, gozar e dispor da coisa, e o direito de reavê-la do poder de quem quer que injustamente a possua ou detenha. Art. 1.231. A propriedade presume-se plena e exclusiva, até prova em contrário."

A polêmica em torno da caução reside no embate entre os que entendem que ela deve ser *requerida* pelo executado, como previa a Lei n. 10.444/2002, não obstante a nova redação disponha que ela deva ser *arbitrada* de plano pelo juiz, e os que entendem que a caução deva ser determinada de ofício pelo juiz.

Araken de Assis é categórico ao afirmar que a prestação de caução é direito disponível, medida concebida em benefício exclusivo do executado, e por essa razão é dele que deve partir o requerimento ao órgão judiciário, tanto na vigência da Lei n. 10.444/2002 quanto agora, já que a cláusula "arbitrada de plano" pelo juiz se refere ao valor da caução e não a sua necessidade[74].

Com fundamento semelhante, *Scarpinella Bueno* assevera que a caução "pressupõe a existência de alguma ameaça ou dano concreto a direito para ser exigida", e ninguém melhor que o próprio executado para avaliar sua necessidade, o risco processual a que está sujeito, razão pela qual a caução continua a depender de "pedido expresso e justificado do executado", com respeito ao contraditório, oportunizando ao exeqüente a manifestação, mesmo nos casos em que a caução for arbitrada pelo juiz de ofício[75].

Em sentido contrário e igualmente baseado em sólido argumento, *Leonardo Ferres da Silva Ribeiro* não sente dúvidas ao afirmar que, diante do texto da Lei n. 11.232/2005, o juiz, de ofício, exigirá caução no uso de seu poder geral de cautela, inserido no art. 798 do CPC. Ressalta o processualista que a caução é instituto de natureza cautelar, e como tal encontra suporte no princípio da inafastabilidade da jurisdição, acarretando a interpretação segundo a qual o juiz, no intuito de assegurar às partes tratamento igualitário no processo, deve garantir a eficácia do instrumento e a utilidade da jurisdição por meio da exigência da caução de ofício quando o caso concreto se enquadrar na hipótese de ato que resulte grave dano ao executado[76].

Na Justiça do Trabalho, o juiz tem ampla liberdade na direção do processo, consoante regra do art. 765 da CLT, que, inclusive, reflete a norma constitucional do inciso LXXVIII do art. 5º, ao determinar que os juízos e Tribunais do Trabalho "velarão pelo andamento rápido das causas, podendo determinar qualquer diligência necessária ao esclarecimento delas".

Implícito e como corolário inseparável do comando para que o andamento da causa seja rápido está o de que o andamento da causa tenha por objetivo a satisfação do direito material tutelado. E, se toda lesão ou ameaça a direito merece apreciação e reparação, não pode o juiz deixar de agir em prol do resultado prático que a lei visa a satisfazer.

Tecidas essas premissas, forçoso afirmar que, diante da expressão "arbitrada de plano" pelo juiz, impõe-se entender que, quando a marcha processual indicar

---

74 ASSIS, Araken de. *Op. cit.*, p. 314.
75 BUENO, Cássio Scarpinella. *A nova etapa da reforma do Código de Processo Civil*, v. 1, p. 191.
76 RIBEIRO, Leonardo Ferres da Silva. *Op. cit.*, p. 195-196.

que a execução provisória caminha para se tornar completa, pelo levantamento de depósito de dinheiro, o juiz, em especial o trabalhista, deve avaliar a necessidade da caução e arbitrá-la de plano, ainda que, por um lapso, o executado não a requeira, e, ato contínuo, respeitar o direito ao contraditório, oportunizando a manifestação do exeqüente.

É intrigante a situação. Se o objetivo da execução provisória é tornar efetivo o título executivo judicial que conferiu direitos ao exeqüente trabalhista, como exigir deste que garanta o juízo com o que ele certamente não tem, para poder receber aquilo que de direito e de natureza alimentar o título, ainda que provisório, lhe assegura? E se o juiz liberar valores sem caução e sobrevier a reforma da sentença, certamente a quantia liberada ao exeqüente trabalhista fatalmente já se terá ido como vendaval, e se terá de fazer uma execução na qual o exeqüente trabalhista passará a ser executado, e este, infeliz, exeqüente duma execução não raro sem solução. Portanto, o discernimento jurídico é crucial nesse estágio de avaliação concreta dos autos.

O fato é que, nos casos em que a caução se faz indispensável, a execução provisória será incompleta, pois frustrado, em especial na seara trabalhista, o objetivo de antecipar os efeitos da decisão. Com efeito, percebe-se o *caráter instrumental negativo da caução* em relação à decisão provisória quando protege o executado de danos que possa vir a sofrer, e o *caráter instrumental positivo* em relação à decisão definitiva quando assegura a realização prática do direito ao ressarcimento dos danos, constituindo a caução legítimo instrumento de contrapeso[77].

O consenso existe no que tange ao momento da prestação da caução, que não deve ser exigida no início da execução provisória, por força dos avanços alcançados pela sistemática do procedimento e, por óbvio, não depois da prática do ato gerador de danos ao executado. O momento a ser exigida é antes do levantamento dos valores.

Na exposição das linhas pretéritas transparece a preocupação com a questão, que seguramente norteou o legislador. De um lado, o risco da reversão da decisão e a necessidade do retorno ao estado anterior do patrimônio do executado; do outro, o risco da demora no julgamento do recurso e a urgência em concretizar a atual vontade da lei refletida na sentença. Mas nem por isso os avanços da Lei n. 10.444/2002 foram suprimidos: ao contrário, foram ampliadas as hipóteses de dispensa de caução pela Lei n. 11.232/2005. E, repetindo o que outrora já foi afirmado, para o legislador é válido correr o risco da produção de efeitos de um título sem o atributo da imutabilidade, porque as vantagens sociais têm mais significado que os eventuais prejuízos sofridos.

Imbuído do valor principal que visa a tutelar, isto é, a eficácia da decisão judicial, e ciente dos riscos previsíveis que os efeitos externos da execução provisória podem vir a causar, o legislador, que antes dispensava a caução para as hipóteses de crédito

---

77 LUCON, Paulo Henrique dos Santos. *Eficácia das decisões e execução provisória*, p. 414-415.

de natureza alimentar até o limite de sessenta vezes o valor do salário mínimo quando o exeqüente demonstrasse situação de necessidade, acrescentou o crédito decorrente de ato ilícito.

Positiva a ampliação porque se abandona para sempre a tendência restritiva de interpretar que crédito de natureza alimentar era apenas proveniente do "direito de família" e se estende para todo o crédito oriundo de qualquer ato ilícito que gere direito indenizatório, desde que presente, conforme a lei, o preenchimento dos requisitos da situação de necessidade do exeqüente e que não ultrapasse o limite de sessenta salários mínimos. A cumulação dos requisitos é inegável devido à redação da lei, e mereceu críticas por quem entende que melhor seria não existir a regra do inciso I do § 2º do 475-O para que o juiz pudesse amplamente decidir sobre a dispensa ou não da caução, conforme o caso em concreto, independentemente da natureza do crédito e da situação de necessidade do exeqüente, mediante a verificação de que o "exeqüente tem, a um só tempo, mais plausibilidade de direito que o executado e que ele, exeqüente, tende a experimentar um prejuízo maior"[78].

Reputa-se igualmente pertinente e correta a posição dos que fazem a leitura de que, para créditos de natureza alimentar, seja qual for o valor da execução, não deveria haver exigência de caução, porque, se os alimentos são irrepetíveis, como falar em caução que visa ao retorno ao estado anterior?[79]

Pensar diferente para as ações que predominam na Justiça do Trabalho seria criar óbices à satisfação dos escopos políticos, sociais e jurídicos do processo. No entanto, a estipulação do teto de sessenta salários mínimos socorre em grande número as ações trabalhistas, especialmente se considerarmos que o limite determinado para o valor da causa nas ações de rito sumaríssimo é de quarenta salários mínimos (art. 852-A da CLT).

Advém daí outro desdobramento: quando o valor do crédito exceder sessenta salários mínimos, pode o juiz determinar a liberação e estipular a caução para o que exceder?

Sergio Pinto Martins, em comentários à Lei n. 10.444/2002, manifestou-se no sentido de que a regra é aplicada para a totalidade do crédito e não parte dele, de modo que, se o valor do crédito for de setenta salários mínimos, não poderá haver liberação de sessenta sem caução[80].

O raciocínio do ilustre magistrado merece, salvo melhor juízo, correção. A advertência vem na esteira do pensamento de *Dinamarco*, que acredita razoável o

---

78 BUENO, Cássio Scarpinella. *A nova etapa da reforma do Código de Processo Civil*, v. 1, p. 195.

79 Nesse sentido ASSIS, Araken de. *Op. cit.*, p. 314; SHIMURA, Sérgio. *Nova reforma processual civil*. São Paulo: Método, 2002. p. 329; FERREIRA, William Santos. *Op. cit.*, p. 265; RIBEIRO, Leonardo Ferres da Silva. *Op. cit.*, p. 209.

80 MARTINS, Sergio Pinto. *Op. cit.*, p. 643.

exeqüente promover a execução provisória até o limite legal e aguardar o trânsito em julgado da decisão para executar o restante[81].

Em interpretação de maior amplitude e consoante os propósitos informadores do processo trabalhista, revela-se a análise de que, sendo superior o crédito do exeqüente a sessenta salários mínimos, nada impede a liberação desse valor e o prosseguimento da execução provisória do restante, neste caso mediante caução[82].

Há de se ter sempre em mente, por princípio de qualquer decisão trabalhista, a norma material que a decisão visa a assegurar. Feito isso, nitidamente a preferência pelo "objetivo social do processo, ainda que sob o risco de algum desvirtuamento, em casos particulares e provavelmente raros do seu escopo jurídico"[83], deverá prevalecer, sob pena de comprometer a efetividade.

Portanto, dar interpretação restritiva à lei, em prejuízo do exeqüente trabalhista, é desobedecer aos princípios informadores e integradores da norma trabalhista, como o da proteção e principalmente o da satisfação do credor como desfecho único da execução. Logo, quando o valor ultrapassar o determinado pelo art. 475-O, que seja respeitado tal limite para a liberação. E, quanto ao restante que exceder sessenta salários mínimos, que permaneça objeto da execução provisória seguindo todos os trâmites até a garantia do juízo e no aguardo da decisão ulterior, sem ignorar a garantia da prestação da caução nestes casos.

A Lei n. 11.232/2005 trocou a expressão "estado de necessidade" por "situação de necessidade" da redação anterior. Na realidade, houve mais uma mudança de redação do que de conceito ou interpretação. A situação ou estado de necessidade reflete as condições em que a maciça maioria dos exeqüentes trabalhistas de fato se encontra.

No processo do trabalho, garantidor de amplo acesso aos jurisdicionados, em especial os trabalhadores, impera a regra do benefício da justiça gratuita no § 3º do art. 790 da CLT a todos aqueles que receberem "salário igual ou inferior ao dobro do mínimo legal, ou declararem, sob as penas da lei, que não estão em condições de pagar as custas do processo sem prejuízo do sustento próprio ou de sua família". Por certo que o benefício não se estende ao empregador, conforme inteligência do art. 14 da Lei n. 5.584/70 e da própria literalidade da lei, que fala em recebimento de salário, o que só é possível ao trabalhador.

Na prática forense, a regra geral, portanto, é que todo trabalhador, autor de reclamatória na Justiça do Trabalho, está, de uma forma ou de outra, amparado e enquadrado na condição de situação de necessidade. Pode ser que essa comprovação se faça nos termos da Lei n. 7.115/83, que diz, no art. 1º:

---

81 DINAMARCO, Cândido Rangel. *A reforma da reforma*, p. 259.

82 RIBEIRO, Leonardo Ferres da Silva. *Op. cit.*, p. 210.

83 DINAMARCO, Cândido Rangel. *A instrumentalidade do processo*, p. 315.

> A declaração destinada a fazer prova de vida, residência, pobreza, dependência econômica, homonímia ou bons antecedentes, quando firmada pelo próprio interessado ou por procurador bastante, e sob as penas da lei, presume-se verdadeira.

Ou também nos moldes do art. 4º da Lei n. 1.060, de 5 de fevereiro de 1950, com a redação dada pela Lei n. 7.510, de 4 de julho de 1986:

> A parte gozará dos benefícios da assistência judiciária, mediante simples afirmação, na própria petição inicial, de que não está em condições de pagar as custas do processo e os honorários de advogado, sem prejuízo próprio ou de sua família.

Aliás, de acordo com o art. 9º dessa Lei, "os benefícios da assistência judiciária compreendem todos os atos do processo até decisão final do litígio, em todas as instâncias".

Equívoco há a desfazer-se na interpretação segundo a qual a isenção de custas ao trabalhador por força das leis citadas no parágrafo anterior serve como equivalente à dedução da dispensa de caução. Os institutos não se assemelham, porque um garante o acesso à Justiça àqueles economicamente débeis ou em situações de necessidade, e outro, a caução, garante a segurança do resultado prático que o processo visa a tutelar. De modo que o exeqüente que tenha preenchido o requisito das leis citadas, a qualquer momento da marcha processual, para se enquadrar na hipótese final do inciso I do § 2º do art. 475-O, receberá o benefício da dispensa da caução não por ser beneficiário da justiça gratuita ou assistência judiciária, mas por estar em situação de necessidade nos termos das leis respectivas.

Outra hipótese em que o legislador previu a dispensa de caução está regulada no inciso II do § 2º do art. 475-O, que trata da pendência de agravo de instrumento junto ao STF, STJ e por aplicação subsidiária na seara trabalhista, ao TST, salvo quando da dispensa possa manifestamente resultar risco de grave dano, de difícil ou incerta reparação.

O espírito das reformas processuais também sobressai neste ponto. Ao considerar a natureza extraordinária dos recursos interpostos junto aos tribunais superiores e à alta Corte Constitucional, o inciso fortalece a imperatividade e a executividade imediata das decisões, especialmente porque não estão sujeitas a um terceiro grau de jurisdição, apto a reexaminar fatos e provas.

Imperioso ressaltar a forma pela qual o legislador tratou da matéria, em inciso próprio, à parte a hipótese anterior, que com esta não se relaciona e muito menos se cuida de cumulação. Afirma-se, portanto, que não importa a natureza do crédito, se alimentar ou decorrente de ato ilícito; do mesmo modo, independentemente do valor da execução e, por fim, sem questionar sobre a situação de necessidade do exeqüente, admite-se a dispensa de caução para as ações que, em seu curso, estiverem na pendência de agravo de instrumento por força da interposição de recurso de natureza extraordinária ou especial[84].

---

84 Nesse sentido BUENO, Cássio Scarpinella. *A nova etapa da reforma do Código de Processo Civil*, v. 1, p. 195.

No processo do trabalho, o meio recursal de natureza extraordinária é o recurso de revista, cujo cabimento se encontra regrado pelo art. 896 da CLT, que tem por finalidade "corrigir a decisão que violar a literalidade da lei e uniformizar a jurisprudência nacional concernente à aplicação dos princípios e normas de direito material e processual do trabalho"[85].

A função do agravo de instrumento no processo do trabalho é, conforme a literalidade da lei no art. 897, *b*, da CLT, combater o despacho que denegar a interposição de recursos. De modo que, se há agravo de instrumento em trâmite no TST, isso significa que o recurso de revista da parte vencida no acórdão regional não atendeu aos pressupostos genéricos ou específicos dessa medida.

A título de ilustração e na certeza de que algumas vezes os números revelam mais que argumentos, valiosas são as estatísticas do relatório do TST para agravos de instrumento em recursos de revista em 2005: 64.720 foram distribuídos; 110.745 aguardavam julgamento, sendo que, desse volume, 70,5% eram de empregadores e 74,3% não foram providos; a média nacional de provimento de agravos de instrumento, considerando as 24 regiões judiciárias trabalhistas, não passou de 4,7%[86].

As estatísticas denunciam e refletem o porquê da delonga no processamento e julgamento dos recursos nos tribunais superiores e firmam o convencimento de que mais vale fazer concretizar os efeitos de uma decisão sem o atributo da imutabilidade do que impor ao vencedor os prejuízos decorrentes do tempo.

Com argumentação sustentada por dados numéricos de decisões em recurso de revista que foram procedentes, *Souto Maior* defende a interpretação extensiva do inciso II do § 2º do art. 475-O, e sustenta que não há sentido em considerar provisória a execução em que penda sob o título executivo apenas o resultado de um agravo de instrumento. O citado magistrado clama pela inversão da lógica do risco da demora do processo para que a execução seja definitiva nestas hipóteses, com seus trâmites finais, e a exceção passe a ser a suspensão da execução, em decisão devidamente fundamentada pelo juiz a partir dos argumentos da parte interessada, que deve demonstrar juridicamente a possibilidade de provimento do agravo de instrumento[87].

A colocação acima defendida pelo magistrado seguramente foi inspirada na luta incessante pela efetividade e executividade das decisões judiciais, em consonância com o espírito das reformas do processo comum. Todavia, não obstante o acerto da

---

85 LEITE, Carlos Henrique Bezerra. *Op. cit.*, p. 683.
86 Setor de Acompanhamento Estatístico do TST/SSEEST. Disponível em: <www.tst.gov.br> Acesso em: 11 ago. 2007.
87 O autor cita os dados extraídos do Relatório Geral da Justiça do Trabalho para o período de 1999 a 2001, em que constata que os recursos de revista conhecidos representam apenas 1% das ações trabalhistas (MAIOR, Jorge Luiz Souto. Reflexos das alterações do Código de Processo Civil no processo do trabalho. *Revista LTr*, v. 70, n. 8, ago. 2006, p. 925).

intenção, ela carece de suporte legal, porque não se permite levar até o final ou considerar definitiva a execução de uma sentença que ainda não se revestiu do atributo da coisa julgada. O contrário implicaria confronto direto com a disposição legal de que só é definitiva a execução de sentença transitada em julgado. Na realidade, a execução poderá ser completa, porque satisfativa dos interesses do credor trabalhista nestes casos, mas não definitiva, porquanto somente com a confirmação da decisão derradeira se terá a certeza que a torna imutável.

Por fim, agiu de forma exemplar o legislador da Lei n. 11.232/2005 no inciso II do § 2º do art. 475-O, e, sem dúvida, na Justiça do Trabalho, a aplicação atenderá aos escopos processuais ao dispensar a caução nestas hipóteses e proporcionar uma execução provisória completa, não sem antes passar pela avaliação minuciosa do magistrado trabalhista no que tange à reversibilidade da decisão e dos prejuízos que o comando poderá vir a causar ao executado.

2º) Os atos de alienação de propriedade, a caução e sua dispensa

O privilégio inegável do art. 655 do CPC, que coloca em ordem preferencial o dinheiro para a garantia da execução, por vezes é desobedecido pelo executado, que oferece outros bens que o exeqüente, por força das circunstâncias e falta de alternativas, se vê obrigado a aceitar. Reiterando que a execução provisória se faz do mesmo modo que a definitiva, digno de lembrete que, nas hipóteses em que (comumente) o executado nada oferece, deve o Estado-juiz invadir seu patrimônio, sem que isso implique qualquer ofensa a direito de propriedade. "O ato de garantia de juízo constitui ato de constrição judicial, pois atinge fisicamente o patrimônio do devedor e tem força judicial, é demonstração da jurisdição"[88].

Desta feita, o oficial de justiça, munido do comando judicial, efetua a penhora de tantos bens quanto necessário, identificando-os e individualizando-os com as devidas avaliações, por expressa permissão do art. 721 da CLT, no mesmo ato, formalizando tudo no auto de penhora, avaliação e depósito. Sem considerar os inúmeros incidentes que possam advir desses atos (questões sobre nomeação de depositário, bens imóveis, bens impenhoráveis, entre outras), apenas há de se reforçar, por mais repetitivo que pareça, a necessidade de processar e julgar os embargos à execução e agravo de petição das partes como medida que visa a solucionar incidente, garantir o direito à ampla defesa e tornar perfeita a penhora.

A permissão de atos que importem alienação de propriedade na execução provisória autoriza a continuação dos atos dessa natureza, com a expropriação judicial ou também *processual*, como diz *Manoel Antonio Teixeira Filho*, que a denomina

> [...] ato que o Estado pratica, por intermédio do juiz, com o fim de transferir, a outra pessoa, bens penhorados ao devedor, sem o consentimento deste, com o objetivo de satisfazer o direito do credor, consubstanciado no título executivo[89].

---

88 MANUS, Pedro Paulo Teixeira. *Op. cit.*, p. 78.
89 TEIXEIRA FILHO, Manoel Antonio. *Execução no processo do trabalho*, p. 509.

O que importa nesta oportunidade reavivar na mente do leitor é que a execução é da decisão, que por sua vez é provisória, razão pela qual os atos que importem alienação de propriedade serão em princípio definitivos. Portanto, em casos de praceamento ou leilão de bens com resultados positivos à execução em que figure o terceiro de boa-fé, este terá de estar imune "às inconstâncias da execução"[90], de modo que não seja atingido pela sentença posterior que torne sem efeitos os atos praticados. Nessa situação, será impossível o retorno do bem ao executado, porque o ato praticado se revestiu de plena legalidade de acordo com a vontade estatal naquele dado momento.

Nos casos de adjudicação do bem pelo exeqüente, a solução é mais fácil, uma vez que, se sobrevier sentença que reforme ou anule, a devolução do bem ou o retorno ao "estado anterior" do executado se fará sem grandes indagações teóricas. Resta, todavia, considerar que a simples entrega do bem ao proprietário original possa não satisfazer o "estado anterior" do executado, hipótese que implicará o ressarcimento por perdas e danos da mesma forma, em virtude dos prejuízos eventualmente causados.

Seja como for, caberá mais uma vez ao magistrado trabalhista, e especialmente ao exeqüente, em face de atos de alienação de propriedade, conjugar os fatores da dispensa ou exigência da caução em consonância com as probabilidades da reforma da decisão, tendo em vista a garantia ao executado de retorno ao estado anterior e a responsabilidade objetiva do exeqüente.

6.1. O processamento da execução provisória (§ 3º do art. 475-O)

O § 3º do art. 475-O cuida do processamento da execução provisória e reforça a postura antiformalista imposta pelas reformas processuais ao suprimir a carta de sentença e a figura dos autos suplementares. Pelo novo regramento, basta o exeqüente, por simples petição, requerer a execução provisória, juntando ao pedido as peças necessárias arroladas nos incisos I a V do § 3º, que são: sentença ou acórdão exeqüendo; certidão de interposição do recurso não dotado de efeito suspensivo; procurações outorgadas pelas partes; decisão de habilitação, se for o caso; facultativamente, outras peças processuais que o exeqüente considere necessárias.

Contudo, a mudança que, sem dúvida, agradou os advogados, por representar significativa otimização do tempo de trabalho, foi a permissão expressa de autenticação das peças do processo pelo próprio profissional, sob sua responsabilidade pessoal, nos termos do art. 544, § 1º, do CPC com redação dada pela Lei n. 10.352, de 26 de dezembro de 2001.

---

90 Por aplicação analógica do art. 1.360 do CC/2002, "segundo o qual, resolvido o domínio por outra causa superveniente — no caso, o provimento do recurso pendente ao início da execução provisória —, reputar-se-á o adquirente anterior à resolução 'proprietário perfeito', restando ao executado pleitear perdas e danos" (ASSIS, Araken de. *Op. cit.*, p. 317).

Comungamos da interpretação segundo a qual basta que o advogado declare, na própria petição de requerimento do início da execução provisória, a autenticidade das peças, identificando-as devidamente, por certo, ao invés de rubricá-las uma a uma. Evidente que o executado poderá insurgir-se em hipóteses de alterações ou outros casos de má-fé, que por sua vez jamais deverão ser presumidos, e que o profissional da advocacia sofra as punições do órgão de Ética da Ordem dos Advogados do Brasil. Também como forma de abandono de qualquer exagero formal, a falta de uma das peças não pode acarretar a nulidade da medida, devendo ser suprimida quando constatada[91].

Quanto ao momento do requerimento para o início da execução provisória, conforme exposição do item 1 deste capítulo, deve haver o espaço de tempo que podemos chamar de "tempo de espera", em que o exeqüente deve aguardar o decurso do prazo para a interposição dos remédios recursais previstos na lei. Somente após a utilização ou não desses meios se permitirá a atuação dos efeitos provisórios ou definitivos da sentença. Relembre-se que, quando houver a propositura dos embargos declaratórios em face da decisão, necessário aguardar o processamento e julgamento da medida, porque a sentença que julgar os embargos poderá ocasionar efeito modificativo no julgado.

6.2. As obrigações de fazer e não fazer e a execução provisória

É preciso ressaltar que as obrigações de fazer ou não fazer são formas para que a tutela do direito seja prestada. Na realidade, quando o Estado impõe um fazer ao vencido, está garantindo uma tutela ressarcitória na forma específica, ou, do mesmo modo, o reparo de um dano mediante um fazer. Quando a imposição é de um não fazer, está-se viabilizando a tutela inibitória, isto é, a não-violação de um direito em virtude da abstenção do vencido em dada situação[92]. Assim, as obrigações de fazer que podem constar nas decisões trabalhistas são aquelas que dependem de atividades ou ações do vencido. As de não fazer, por sua vez, pressupõem uma abstenção ou, como comumente se diz, uma prestação negativa[93].

Exemplos típicos na seara trabalhista de obrigações de fazer são as que implicam a anotação do contrato de trabalho na Carteira de Trabalho e Previdência Social — CTPS —, entrega ao trabalhador de guias de Comunicação e Dispensa para habilitação no Seguro-desemprego — CD-SD, das guias do Termo de Rescisão do Contrato de Trabalho — TRCT para movimentação dos depósitos do Fundo de Garantia do Tempo de Serviço — FGTS e reintegração do empregado garantido por hipóteses de estabilidade provisória.

---

91 BUENO, Cássio Scarpinella. *A nova etapa da reforma do Código de Processo Civil*, v. 1, p. 197.
92 MARINONI, Luiz Guilherme; ARENHART, Sérgio Cruz. *Op. cit.*, p. 145.
93 TEIXEIRA FILHO, Manoel Antonio. *Execução no processo do trabalho*, p. 403 e 416.

As obrigações de não fazer são em menor número, se comparadas às de fazer e pagar quantia certa, esta última, sem dúvida, a maioria. Exemplo que pode ser citado de abstenção de um fazer pelo empregador seria o ato de não transferir o empregado, por força do *caput* do art. 469 da CLT.

Válido dizer que, ao determinar como regra o efeito devolutivo aos recursos trabalhistas, não poderia o legislador limitar a execução provisória apenas àquelas decisões que tratassem de quantia certa. E, de fato, não é essa a leitura adequada, porque inexistente na norma qualquer limitação quanto ao conteúdo das sentenças que podem ser executadas provisoriamente. Pelo exposto, qualquer que seja o tipo de obrigação contido na sentença, sua imperatividade é plena e sua eficácia deve ser sentida independentemente do comando, como regra, seja definitiva ou provisória.

Coqueijo Costa, na esteira do pensamento de *Alcides Mendonça Lima*, ensinava, sob o sistema do CPC de 1973, que "a execução provisória pode ser procedida do mesmo modo que a definitiva, inclusive para a prestação de fato, positiva ou negativa que seja", porque a decisão não se "desnatura, no seu conteúdo e no seu objetivo", defendendo sua aplicação ao processo trabalhista, citando o exemplo típico da reintegração do empregado estável[94].

Mas há ressalvas do mesmo *Coqueijo Costa*, que, embora admita a aplicação, considera imprudente a adoção da execução provisória à execução de fazer na Justiça do Trabalho. A justificativa sustenta-se pela redação do art. 729 da CLT, que considera apenas a decisão passada em julgado para incidência da multa pecuniária diária ao empregador que deixa de reintegrar ou readmitir o empregado.

Teixeira Filho também considera "desaconselhável" a execução provisória de obrigação de fazer, e, ao citar o mesmo exemplo da reintegração de empregado estável, assevera que "apenas o fato de o empregado ter direito aos salários do período de afastamento do trabalho já seja — salvo exceções — razão bastante para não se ver utilidade (logo, interesse) na execução provisória". O autor também acredita que a obrigação de emitir declaração de vontade se mostra "impossível" porque nesses casos a decisão terá eficácia substitutiva da vontade do devedor apenas depois de seu trânsito em julgado[95].

Na verdade, parece que a evolução pela qual passa a jurisprudência, em especial a do TST, não vem sendo acompanhada por parte da doutrina. As Orientações Jurisprudenciais ns. 64 e 65 da seção de dissídios individuais — OJ-SDI-II — refletem outro pensamento. Ao cuidarem de mandado de segurança que versa sobre reintegração liminarmente concedida em antecipação de tutela, decidiu o TST pela não-violação de direito líquido e certo na ordem de reintegração do empregado[96].

---

94 COQUEIJO COSTA, Carlos. *Op. cit.*, p. 611.

95 TEIXEIRA FILHO, Manoel Antonio. *Execução no processo do trabalho*, p. 218.

96 OJ-SDI-II N. 64. MANDADO DE SEGURANÇA. REINTEGRAÇÃO LIMINARMENTE CONCEDIDA. Inserida em 20.09.2000. Não fere direito líquido e certo a concessão de tutela antecipada para reintegração de empregado

Para *Bezerra Leite*, a admissão da tutela de obrigação de reintegrar "não deixa de ser uma execução *lato sensu* provisória da obrigação de fazer". Na realidade, o autor pondera na lógica de que, se a antecipação de tutela fruto de uma decisão interlocutória, que a qualquer tempo poderá ser revogada, permite o cumprimento da medida de reintegração, com muito mais razão a execução provisória deve ser admitida nesses casos, porque ato praticado por força de sentença após cognição exauriente[97].

A prudência, na verdade, reside na análise das condições de cada caso em concreto, sem desconsiderar um fator externo ao processo, mas que é essencial para a consecução da medida: a animosidade que pode existir entre empregado e empregador, que pode contaminar o ambiente de trabalho e inviabilizar a atuação da vontade da lei, ainda que provisória. Em regra, e do ponto de vista legal da medida, a reintegração não impõe dano ao empregador, que apenas remunerará serviços que lhe forem prestados. De modo que irá beneficiar-se da mão-de-obra e cumprirá com a contraprestação do ajuste.

É preciso deixar claro, por oportuno, que executar provisoriamente uma decisão cujo conteúdo contenha a obrigação de reintegrar não significa torná-la definitiva, porque por óbvio que essa decisão está sujeita a reforma ou confirmação. Na hipótese de reforma e ter de retornar ao "estado anterior", o empregado deixará de prestar serviços, sem que tenha o empregador "sofrido dano", porque num contrato de emprego há a característica da bilateralidade[98].

---

protegido por estabilidade provisória decorrente de lei ou norma coletiva. OJ-SDI-II N. 65. MANDADO DE SEGURANÇA. REINTEGRAÇÃO LIMINARMENTE CONCEDIDA. DIRIGENTE SINDICAL. Inserida em 20.9.2000. Ressalvada a hipótese do art. 494 da CLT, não fere direito líquido e certo a determinação liminar de reintegração no emprego de dirigente sindical, em face da previsão do inciso X do art. 659 da CLT."

97 LEITE, Carlos Henrique Bezerra. *Op. cit.*, p. 831.

98 Vale transcrever parte do acórdão de relatoria do Ministro João Oreste Dalazen que auxilia na fundamentação do que estamos defendendo (Proc. n. TST-RO-MS 296.077/96.6): "De outro lado, não se vislumbra qual prejuízo adviria para o empregador com a reintegração provisória do empregado. Afinal, para tudo o que o empregador despender com o empregado no interregno entre a reintegração provisória e o trânsito em julgado do acórdão, correlatamente haverá prestação de serviço. Em uma palavra, pagará o empregador salário, mas em contrapartida receberá trabalho. Bem ao contrário, não se deve perder de vista a outra faceta do problema: negando-se provimento ao recurso é certo o prejuízo que sofrerá o empregador vencido não promovendo a reintegração imediata do empregado. Ora, esse prejuízo — pelo pagamento de salário sem labor — pode ser substancialmente mitigado com a reintegração provisória, que, portanto, longe de nefasta, resultará sobremodo vantajosa e conveniente aos interesses do próprio empregador. Dir-se-ia que igualmente ao empregado, vencedor em primeira instância, não advirão maiores prejuízos em aguardar o trânsito em julgado: receberá os salários vencidos e vincendos, com juros moratórios e correção monetária, até a efetiva reintegração. Trata-se, todavia, de meia-verdade: para o empregado, parte economicamente fraca, muito mais importantes e — por que não dizê-lo? — vitais são os salários percebidos aqui e agora, mormente se considerarmos o seu cunho alimentar e o alarmante índice de desemprego deste país. Naturalmente, a fome e as naturais privações do desemprego não podem esperar. [...] Brasília, 9 de fevereiro de 1998. Presidente: Ermes Pedro Pedrassani. Relator: João Oreste Dalazen" (*RDT*: biblioteca trabalhista em CD-ROM. Atualizado até jun. 2006. São Paulo: Consulex, [s. d.]).

Ocorre que determinadas obrigações, como as de anotar a CTPS do empregado com as informações do contrato de emprego, se mostram inviáveis provisoriamente, porque nesse caso o registro gerará efeitos plenos e irreversíveis, inclusive perante terceiros, como o INSS, por exemplo. Com isso, a execução terá reflexo de definitiva quando, na verdade, ainda está sujeita a decisão ulterior. Igualmente, e pelos mesmos fundamentos, mostra-se inviável execução provisória de decisão que envolve a liberação de guias TRCT e CD-SD, para saque do FGTS e habilitação no programa do seguro-desemprego, respectivamente.

6.3. A execução provisória e a Fazenda Pública

O advento da Emenda Constitucional n. 30/2000 acrescentou parágrafos e alterou a redação do art. 100 da CF para fazer constar expressamente a condição de *sentença transitada em julgado* para inclusão dos valores no orçamento das entidades de direito público.

Por força da norma constitucional, apenas com o trânsito em julgado da sentença, ou decisão definitiva, será permitida a inclusão da verba necessária dos precatórios judiciários, o que inviabiliza, por certo, a execução provisória das decisões em face da Fazenda Pública.

Antes da Emenda Constitucional n. 30/2000, o Supremo Tribunal Federal — STF admitia a possibilidade da execução provisória contra a Fazenda Pública, sem a permissão, todavia, de penhora ou alienação de bens por expressa vedação legal. Não obstante, a execução poderia ser iniciada, enquanto pendente a sentença do reexame necessário. Esse posicionamento, contudo, foi alterado em face da mudança para não mais se admitir a execução provisória[99].

Na verdade, a execução provisória em face da Fazenda Pública, diante de tantas restrições legais, jamais poderia ser completa, mesmo antes da Emenda Constitucional n. 30/2000. Ocorre que, mesmo diante da taxatividade do comando constitucional quanto aos efeitos da sentença, que só serão atuados após o trânsito em julgado da decisão, não há empecilho para que se inicie, na Justiça do Trabalho, a liquidação de sentença, sendo a execução processada até a fase dos embargos, com suspensão, dessa fase em

---

99 "EMENTA: EMBARGOS DE DECLARAÇÃO RECEBIDOS COMO AGRAVO REGIMENTAL. EXECUÇÃO PROVISÓRIA DE DÉBITOS DA FAZENDA PÚBLICA. DESCABIMENTO. EMENDA CONSTITUCIONAL 30/2000. Desde a promulgação da Emenda Constitucional 30, de 13.09.2000, que deu nova redação ao § 1º do art. 100 da Constituição Federal de 1988, tornou-se obrigatória a inclusão, no orçamento das entidades de direito público, de verba necessária ao pagamento dos débitos oriundos apenas de sentenças transitadas em julgado, constantes de precatórios judiciais. Não se admite, assim, execução provisória de débitos da Fazenda Pública. Agravo regimental a que se nega provimento. RELATOR. MIN. JOAQUIM BARBOSA 23.5.2006 2ª TURMA. EMB. DECL. NO RECURSO EXTRAORDINÁRIO 463.936-0 PARANÁ. Diário da Justiça de n. 2.390 (Rel. Min. Ellen Gracie, DJ 16.8.2001) e o RE 421.233-AgR (Rel. Min. Carlos Velloso, DJ 6.6.2004.) (disponível em: <www.stf.gov.br> Acesso em: 21 ago. 2007)."

diante, até a decisão final, que irá conferir a qualidade de coisa julgada ao comando judicial[100].

6.4. A proposta de revisão da Súmula n. 417 do TST e do art. 899 da CLT

De olhar fito no novo regramento da execução provisória da Lei n. 11.232/2005 e de tudo que foi até o momento exposto, é essencial a compreensão de que a execução provisória no processo do trabalho, em especial no que diz respeito à expressão de que esta vai "até a penhora", necessita de releitura hermenêutica por parte dos operadores do direito laboral, em especial pelo órgão judicial que possui a função de uniformizar a jurisprudência pacificando entendimentos, qual seja, o Tribunal Superior do Trabalho – TST.

Está clara a necessidade de renunciar ao que parece dogma como o "até a penhora" do art. 899 da CLT, a fim de que a execução provisória seja efetivamente instrumento de justiça para que o processo atinja seus escopos e atenda ao comando constitucional de duração razoável e de meios que garantam sua celeridade. Quando se defende a proposta de que o "até a penhora" deve ser reinterpretado, não se está de forma alguma abrindo mão da boa técnica processual, fator essencial à idéia do justo processo.

As alterações que se fizeram sentir desde a Lei n. 10.444/2002 não foram suficientes para a mudança de paradigmas no que tange à execução provisória. A prova disso é que, sob a égide dessa norma, que já autorizava o levantamento de depósito em dinheiro e a prática de atos que importassem alienação de domínio, o TST converteu em Súmula, de n. 417, item III, a orientação jurisprudencial da seção de dissídios individuais II — OJ-SDI-II — n. 62:

> "Súmula n. 417: [...]
> III – Em se tratando de execução provisória, fere direito líquido e certo do impetrante a determinação de penhora em dinheiro, quando nomeados outros bens à penhora, pois o executado tem direito a que a execução se processe da forma que lhe seja menos gravosa, nos termos do artigo 620 do CPC" (ex-OJ n. 62 — inserida em 20.9.00) (Res. 137/2005 – DJ 22.8.2005) [sem grifos no original].

Observação necessária a fazer é que a OJ-SDI-II n. 62 foi inserida em 20 de setembro de 2000, portanto na vigência do art. 588 do CPC, com a redação de 1973. Vale, então, a regressão à feição preparatória, que tinha a execução provisória sem qualquer preocupação com a efetividade do comando judicial, e por certo que na mesma medida a leitura do art. 899, *caput*, da CLT importava na limitação dos atos executivos até a penhora, nitidamente acautelando a execução definitiva em correspondência com os ditames do processo comum de 1939.

---

100 Nesse sentido, no que diz respeito ao processo civil: ZAVASCKI, Teori Albino. *Op. cit.*, p. 449.

Na vigência dos artigos que disciplinavam a execução provisória conforme a Lei n. 10.444/2002, não se mostrou razoável a interpretação da OJ-SDI-II n. 62, porque a natureza do direito subjetivo material do empregado, aliado ao objetivo de impedir o perigo de dano irreparável advindo da demora na atuação prática da vontade da lei, já justificava, plenamente, a penhora de dinheiro em execução provisória, porque havia autorização expressa de que esta se fizesse do mesmo modo que a definitiva.

Logo, com muito mais vigor, neste momento em que a Lei n. 11.232/2005 não só manteve os princípios da norma anterior como os ampliou, possibilitando a liberação de valores sem caução em duas situações (§ 2º, I e II, do art. 475-O do CPC), não há falar em direito líquido e certo a resguardar o pedido do executado que visa a obter a impenhorabilidade de dinheiro em conta corrente bancária, pois a ordem estabelecida no art. 655 do CPC é uma diretriz de ordem pública, e que visa primordialmente à celeridade do processo de execução, com a satisfação dos efeitos da decisão, ainda mais em se tratando de processo trabalhista, em face do caráter alimentar dessas verbas.

A manutenção da interpretação sumulada implica óbice para o processamento da execução provisória do mesmo modo que a definitiva, pois, como prosseguir com atos que importem alienação de propriedade e liberação de valores se o Tribunal Superior em matéria trabalhista entende pela abusividade do ato?

De acordo com o art. 656, I, do CPC, a nomeação feita pelo executado, quando não obedecida a ordem legal, será ineficaz, salvo se houver anuência do credor. Portanto, como exigir que o exeqüente aceite outro bem, como se o ato da penhora em dinheiro se revestisse de ilegalidade quando na verdade obedece a preceito legal?

É inconcebível que se interprete o "até a penhora" do art. 899 da CLT dissociado da nova regra do art. 475-O do CPC e dos escopos jurídicos, políticos e sociais do processo trabalhista. Com a sabedoria que lhe é inerente, *Romita* assim se pronunciou ao se referir aos tradicionais métodos de interpretação da lei que devem ceder lugar ao modelo do tipo axiológico, em que se ressalta a importância dos valores e dos princípios jurídicos considerando a *textura aberta da norma jurídica*:

> Hoje, impera o processo criativo do direito, contrário às pretensões do positivismo e do formalismo. Segundo o processo interpretativo compatível com as exigências da realidade social contemporânea, o jurista não deve reproduzir ou "descobrir o verdadeiro significado" da lei, mas sim criar o sentido que mais convém à realidade palpitante e viva[101].

Portanto, se na execução definitiva a penhora de dinheiro não resulta em violação de direito líquido e certo do executado, não se pode entender *a contrario sensu* na execução de decisão provisória, porque esta se processa do mesmo modo que a definitiva, inclusive com a prática de atos de alienação de propriedade.

---

101 ROMITA, Arion Sayão. Prestação de serviços por trabalhadores autônomos: relação de trabalho ou relação de consumo? *Revista LTr*, v. 70, n. 8, ago. 2006, p. 907.

Correta interpretação é a exposta nos itens I e II da Súmula n. 417 do TST:

> MANDADO DE SEGURANÇA. PENHORA EM DINHEIRO (conversão das Orientações Jurisprudenciais ns. 60, 61 e 62 da SDI-2):
>
> I – Não fere direito líquido e certo do impetrante o ato judicial que determina penhora em dinheiro do executado, em execução definitiva, para garantir crédito exeqüendo, uma vez que obedece à gradação prevista no artigo 655 do CPC (ex-OJ n. 60 — inserida em 20.9.00);
>
> II – Havendo discordância do credor, em execução definitiva, não tem o executado direito líquido e certo a que os valores penhorados em dinheiro fiquem depositados no próprio banco, ainda que atenda aos requisitos do artigo 666, I, do CPC (ex-OJ n. 61 — inserida em 20.9.00);
>
> III – Em se tratando de execução provisória, fere direito líquido e certo do impetrante a determinação de penhora em dinheiro, quando nomeados outros bens à penhora, pois o executado tem direito a que a execução se processe da forma que lhe seja menos gravosa, nos termos do artigo 620 do CPC (ex-OJ n. 62 — inserida em 20.9.00) (Res. 137/2005 – DJ 22.8.2005).

Convém rememorar aquilo que comumente se aprende nos bancos universitários sobre direito líquido e certo. É aquele que vem expresso em determinada norma de tal forma que sua violação enseja o remédio do mandado de segurança previsto no art. 5º, LXIX, da CF.

Quando a lei alude a direito líquido e certo, está exigindo que esse direito se apresente com todos os requisitos para o seu reconhecimento e exercício no momento da impetração. Em última análise, direito líquido e certo é direito comprovado de plano[102].

Ora, não se vislumbra onde residiria o direito "líquido e certo" de o executado não pagar ou garantir a execução em dinheiro, quando o título executivo judicial determina o pagamento de quantia certa! E o próprio TST disse o óbvio, função muitas vezes necessária para pacificar o entendimento diante de inúmeros julgados divergentes, nos incisos I e II. Ora, se não fere o direito líquido e certo nos itens citados, porque inexiste tal atributo ao direito invocado pelo executado na execução de decisão definitiva, não nos parece legítimo o item III contrariar a ideologia da própria Súmula nos incisos que a antecedem. Há, de fato, um confronto entre as normas da execução provisória ditadas pela Lei n. 11.232/2005 e a interpretação do TST.

Mais ainda neste ponto, cabe uma crítica quanto à justificativa estampada na OJ-SDI-II n. 62 de que o executado tem direito a que a execução se processe da forma que lhe for menos gravosa, nos termos do art. 620 do CPC. A esse propósito variam as opiniões dos doutrinadores sobre o alcance e a aplicação do art. 620 do CPC ao processo do trabalho, especialmente quando em confronto com a ordem

---

102 MEIRELLES, Hely Lopes. *Mandado de segurança, ação popular, ação pública, mandado de injunção, "habeas data"*. 13. ed. São Paulo: Revista dos Tribunais, 1989. p. 14.

preferencial do art. 655 e o comando do art. 612, ambos do CPC, que determina que a execução se realize no interesse do credor.

Como bem lembra *Manoel Antonio Teixeira Filho*, "o estado de sujeição, em que o devedor se encontra ontologicamente lançado pelas normas legais, não deve constituir razão para que o credor sobre ele tripudie"[103]. Na verdade, a norma refletida no art. 620 do CPC trata da preservação da dignidade do devedor, que não pode ser aviltada pela posição de superioridade que possui o credor na execução, como uma blindagem do sistema para impedir o retorno a eras primitivas, em que a execução era pessoal e não patrimonial e o devedor vítima, tendo no credor o seu algoz.

Ocorre que a atualidade e a prática processual trabalhista exigem o olhar instrumentalista que visa à satisfação do direito material a ser realizado. Em virtude dessa postura diferenciada, a proteção à dignidade do devedor não pode ser confundida com privilégio. Pois assim é que nos parece quando o art. 620 do CPC se sobrepõe aos arts. 655 e 612. A execução trabalhista deve ter na medida exata a aplicação desses princípios normativos, sob pena de se curvar à inversão da lógica executiva, que tem como resultado final único a satisfação do direito do credor.

Portanto, a aplicação do art. 620 do CPC não poderia ter servido de elemento justificador da OJ-SDI-II n. 62 do TST, por manifesta afronta aos vetores essenciais do direito material e processual do trabalho, como os princípios protetores e da execução em favor do resultado único do processo, que é a satisfação do exequente. Como adverte *Bezerra Leite* ao comentar o princípio da "não-prejudicialidade do devedor", há de se ter em conta que o exequente trabalhista (trabalhador e empregado) é "que normalmente se vê em situação humilhante, vexatória, desempregado e, não raro, faminto". Conclui ainda o ilustre membro do Ministério Público do Trabalho que o processo trabalhista deve

> [...] amoldar-se à realidade social em que incide, e, nesse contexto, podemos inverter a regra do art. 620 do CPC para construir uma nova base própria e específica do processo laboral: *a execução deve ser processada de maneira menos gravosa ao credor* [grifos no original][104].

Nesse sentido, também *Leonardo Dias Borges* acredita que o princípio que ora se comenta deve ser aplicado

> [...] de forma mais amena na execução trabalhista, sendo, inclusive, em determinadas situações deixado de ser aplicado, posto que nunca é demais lembrar que por trás de todas as figuras abstratas desenrola-se o drama que é a vida humana. E o direito é feito pelo homem e para o homem[105].

---

103 TEIXEIRA FILHO, Manoel Antonio. *Execução no processo do trabalho,* p. 117.

104 LEITE, Carlos Henrique Bezerra. *Op. cit.,* p. 797-798.

105 BORGES, Leonardo Dias; MENEZES, Cláudio Armando Couce de. *O moderno processo do trabalho.* São Paulo: LTr, 1997. p. 80.

Transformar a execução provisória, tal qual está regulamentada na Lei n. 11.232/2005, em instrumento a serviço do direito material a que o processo do trabalho serve e da ordem jurídica justa impõe a releitura hermenêutica de acordo com os valores constitucionais que regem o processo, em especial o de duração razoável e de meios que garantam sua celeridade.

A execução da sentença provisória é medida que fortalece a imperatividade das decisões. Desse modo, é como se o processo trabalhista, por meio da interpretação do órgão superior, andasse na contramão da história, pois, ao invés de evoluir na atividade interpretativa da súmula, retrocede nos conceitos, em manifesto descompasso com a literalidade dos valores normativos expressos no comando subsidiário aplicado em matéria trabalhista.

A solução apresenta-se sob dois caminhos a seguir propostos. Para tanto, imprescindível a reprodução das sábias palavras de *Dinamarco*, que, na defesa dos novos rumos do instrumentalismo no processo civil, ousou declarar que o operador do direito deve ter "a coragem de afrontar dogmas, a prudência em não expor os litigantes a inseguranças e a esperança de dotar a sociedade de instrumentos mais ágeis para a realização da justiça"[106].

Pois bem. Revestimo-nos da coragem necessária para propor duas alternativas para que o processo do trabalho perfilhe dos mesmos propósitos norteadores da execução provisória regulamentada pelo art. 475-O do CPC.

A primeira, a depender do Poder Legislativo, tão lento na apreciação de matérias relacionadas à efetividade do processo trabalhista e tão célere quando o assunto são interesses particulares de seus membros, é a alteração do art. 899 da CLT para constar no *caput* a seguinte redação:

> Art. 899 da CLT: "Os recursos serão interpostos por simples petição e terão efeito meramente devolutivo, salvo as exceções previstas neste Título, permitida a execução *da decisão provisória nos termos da lei.*"

A supressão da expressão limitativa do "até a penhora" e a referência à lei que regulamenta a matéria, no caso o art. 475-O do CPC, colocaria por terra qualquer interpretação equivocada que impeça que a execução provisória possa ser completa. Estanca-se, com isso, a proliferação de decisões equivocadas que limitam a execução provisória até a garantia do juízo, ou que entendem que não se deve processar e julgar os meios defensivos da execução como os embargos à execução, à penhora, ou agravo de petição. Mas, principalmente, não haveria lugar para a manutenção da distinção de tratamento no que tange à penhora de dinheiro na execução definitiva e na provisória, a ensejar entendimentos díspares nos itens I a III da Súmula n. 417 do TST, que fatalmente teria de ser cancelada em parte ou revisada para se adequar à regra do art. 899 da CLT.

---

106 DINAMARCO, Cândido Rangel. *A instrumentalidade do processo*, p. 14.

A segunda alternativa que se propõe, também com coragem, é aquela que não depende do Poder Legislativo, mas sim do Judiciário, por intermédio do TST, que possui o poder de unificar a jurisprudência e o dever de prezar pela celeridade e segurança jurídica do instrumento que opera o direito material.

Por certo que os juízes trabalhistas de primeiro e segundo graus de jurisdição não estão obrigados a decidir conforme o entendimento sumulado. Ocorre que, não o fazendo, deverão conscientizar-se de que a decisão contrária às súmulas ficará sujeita a apreciação do recurso de revista nos termos do art. 896 da CLT, e por óbvio que o TST irá reformar as decisões em confronto com a matéria sumulada. Logo, necessário dizer que há força inegável de caráter geral e informalmente vinculante das súmulas do TST, embora legalmente não da forma como expresso no art. 103-A da CF (EC n. 45/2004), e também não impeditivas de recurso, conforme o disposto no § 1º do art. 518 do CPC, acrescentado pela Lei n. 11.276, de 7 de fevereiro de 2006 (DOU de 8.2.2006, em vigor 90 dias após a publicação).

Desse modo, vale dizer que a revisão da Súmula n. 417 do TST é condição suprema para a efetividade da execução provisória, de modo a aperfeiçoá-la na regência do mesmo espírito inspirador das reformas do processo comum. Razão pela qual urge extirpar por definitivo do quadro de entendimento unificado e pacífico do órgão máximo em matéria trabalhista a idéia de que "fere direito líquido e certo" do executado a penhora em dinheiro em execução provisória, sob o fundamento de que na existência de outros bens a execução deve ser processada da forma que lhe seja menos gravosa.

A prudência que se exige, aliada à coragem das propostas formuladas, é encontrada no próprio ordenamento, que garante, em qualquer tempo e modo, o contraditório e ampla defesa apta a assegurar ao executado o ressarcimento de danos que haja sofrido por meio de atos que importem alienação de propriedade.

Quanto à esperança, esta não decepciona. Espera-se que os intérpretes e os operadores do direito material e processual do trabalho tenham ao menos um ideal em comum, a realização da justiça. E a consecução desse ideal decorre, dentre tantos fatores, da obediência ao comando constitucional de duração razoável do processo e da utilização de meios idôneos que garantam sua celeridade. A execução da decisão provisória apresenta-se como medida legal e apta a atingir o resultado prático que a lei, em dado momento, visa a assegurar. É a demonstração da força e imperatividade das decisões, como arma contra recursos protelatórios, mas não sem dispositivos de segurança prontos para serem acionados em caso de reversibilidade e prejuízos ao executado.

Por fim, se cada um fizer a parte que lhe cabe na relação processual, com a responsabilidade e prontidão de agir sob os domínios da ética, da moral e da legalidade, os escopos jurídicos, políticos e sociais do processo trabalhista serão alcançados. É o que se espera rumo à efetividade do processo do trabalho.

CAPÍTULO V

A EXECUÇÃO PROVISÓRIA E O DIREITO INTERNACIONAL

1. Considerações sobre a pesquisa no direito internacional

A abordagem, ainda que sucinta, da experiência de outros países em matéria processual, em especial aqueles que se preocupam com a evolução e efetividade do sistema, é medida que se impõe a quem se propõe, com humildade, lançar novas luzes para o ordenamento pátrio. Notadamente que a cultura, o modo de vida social e as condições econômicas de cada país não autorizam que a norma aplicada em determinado Estado soberano seja transportada ou copiada literalmente para outro sem adequações respectivas, sob pena de não produzir efeitos.

Indiscutivelmente, a globalização gera aos países, sobretudo os integrantes de um mesmo continente ou bloco econômico, a busca da harmonia jurídica como meio de garantia de celebração de contratos de interesses mútuos. Com isso, é razoável que se faça a averiguação de experiências internacionais como forma de aprimorar o ordenamento interno.

A importância da harmonia entre os ordenamentos jurídicos, principalmente no que tange aos instrumentos que operam o direito material, certamente serviu de fonte de inspiração para o projeto de Código Processual Civil Modelo para a Ibero-América, desenvolvido pelo Instituto Iberoamericano de Direito Processual Civil desde o ano de 1967. Não se trata de lei, e do mesmo modo não possui vigência em nenhum dos países de língua espanhola e portuguesa. Na realidade, trata-se de um "tipo" a ser observado, com orientações de ordem científica e acadêmica. Referido projeto trata da execução provisória no art. 222.2, considerando como regra a ausência do efeito suspensivo para os recursos de apelação, salvo exceções como as sentenças definitivas e os atos interlocutórios que ponham fim ao processo. O principal, todavia, é a expressa disposição, no art. 230.1, de que as sentenças condenatórias são executadas provisoriamente, em procedimento idêntico ao de uma execução definitiva, sempre que a parte assim requerer, garantindo ao executado o ressarcimento de prejuízos em casos de reforma da decisão, mediante a prestação de caução[1].

---

1 BUENO, Cássio Scarpinella. *Dinâmica do efeito suspensivo e da execução provisória*, p. 110.

A título de ilustração e sem a proposta de se aprofundar em cada ordenamento, o presente desenvolvimento tem o escopo de fornecer elementos para incrementar o debate sobre a necessidade nacional de aperfeiçoar o sistema jurídico com medidas que possam, seguramente, dar efetividade a suas sentenças. Optou-se por priorizar dois dos países integrantes do Mercosul por razões obviamente territoriais e comerciais e, em seguida, países do continente europeu, com ênfase para aqueles que influenciaram a comunidade jurídica brasileira em nossas codificações, e que continuam a fornecer elementos determinantes na elaboração das leis[2].

2. Uruguai

Admite-se a execução provisória no Uruguai das sentenças impugnadas tanto em primeiro quanto em segundo grau de jurisdição. Necessário simples requerimento do vencedor para dar início, oportunidade em que deverá prestar caução suficiente para o ressarcimento de despesas do processo e de eventuais perdas e danos causados ao vencido. Se este demonstrar ao juízo o risco de difícil reparação e grave prejuízo, poderá obter a suspensão da execução. Ocorre que, utilizando-se desse expediente, o vencido deverá garantir o juízo, do mesmo modo que o vencedor, com a caução destinada a ressarcir o prejuízo imposto pela demora na prestação jurisdicional definitiva em caso de confirmação da sentença. Há uma peculiaridade que, felizmente, não existe no Brasil. O *Código General del Proceso* — CGP dispõe, no art. 361, a possibilidade de um juízo ordinário ulterior ao juízo executivo, com ampla produção de provas, inclusive sobre matérias que já foram objeto de cognição exauriente, em que o executado pode discutir sobre a injustiça da execução, pedindo indenização por dano sofrido na hipótese em que o bem adquirido por terceiro não volta a sua posse. O prazo para o executado lançar mão dessa medida é decadencial e de seis meses após o término do processo de execução[3].

A lei processual uruguaia oferece às partes, como alternativa à execução provisória, as medidas cautelares caso o interessado requeira, desde que também nessa hipótese seja prestada garantia por meio de caução suficiente.

Ao tratar da legislação trabalhista, o Uruguai não instituiu um código ou uma consolidação, a exemplo do Brasil. Há poucas leis que regulamentam o nascimento, a duração, o dinamismo e as formas de extinção do contrato de trabalho, entre

---

2 De acordo com o propósito ilustrativo do presente capítulo, optou-se pelo uso de pesquisas realizadas, donde, inclusive, são retiradas as principais informações sobre os países selecionados. Paulo Henrique dos Santos Lucon e Cássio Scarpinella Bueno investigaram profundamente as realidades dos ordenamentos jurídicos. O primeiro analisou um total de 21 países, de forma individual e por comunidades internacionais, razão pela qual o estudo de ambos é seguro e de referência obrigatória (LUCON, Paulo Henrique dos Santos. *Eficácia das decisões e execução provisória*, cit.; BUENO, Cássio Scarpinella. *Dinâmica do efeito suspensivo e da execução provisória*, cit.).

3 LUCON, Paulo Henrique dos Santos. *Eficácia das decisões e execução provisória*, p. 67.

outras. É a jurisprudência e a doutrina que preenchem o vazio da legislação e se transformam nas principais fontes em termos quantitativos. Quanto ao processo trabalhista, do mesmo modo, não há leis especiais, subordinando-se em tudo às aplicações das normas processuais comuns. As peculiaridades em matéria laboral são atendidas em disposições do próprio CGP, que no art. 350.3 e 5 trata de indisponibilidade e irrenunciabilidade de direitos dos trabalhadores, adotando o princípio inquisitivo aos juízes para a busca da verdade material. A despeito das carências de um ordenamento específico, o art. 14 do CGP responde com norma que, de certa forma, atende à visão instrumental do processo ao dizer que "para interpretar la norma procesal, el tribunal deberá tener en cuenta que el fín del proceso es la efectividad de los derechos sustanciales", o que autoriza os juízes nas causas trabalhistas a utilizar o princípio protetor com função tríplice: integração, interpretação e inspiração para futuras legislações[4].

3. Argentina

A Argentina optou por seguir o modelo adotado pelos Estados Unidos da América, de modo que cada província possui seu código processual, embora com semelhanças entre si. A unidade do sistema ocorre apenas no que tange ao direito material. Existe o *Código Procesal Civil y Comercial de la Nación* — CPCCN, aplicado nos tribunais de justiça federal e nacional da capital da República argentina nos foros civil, comercial e de paz. A apelação é o meio de impugnação utilizado tanto para as sentenças quanto para as decisões interlocutórias. Poderá ser recebida no efeito devolutivo ou suspensivo, sendo a regra o suspensivo; somente em casos excepcionais, permitidos pela lei, haverá o efeito devolutivo, hipótese dos casos de alimentos (art. 647) e dos processos do rito sumaríssimo. Como no Brasil, não há execução sem título judicial ou extrajudicial. Os meios pelos quais o executado se insurge são as exceções, fundamentadas em incompetência, litispendência, falsidade ou inabilidade do título, prescrição, pagamento total ou parcial, compensação e transação, previstas no art. 544 do CPCCN e que podem suspender a execução. Também em execução, a apelação terá efeito devolutivo somente se o exeqüente prestar caução suficiente. Todavia, se houver a possibilidade de ocasionar prejuízos irreparáveis (art. 498, 5º), o recurso será recebido no efeito suspensivo[5].

Embora seja considerada medida rara, a exemplo do Uruguai, a Argentina permite a discussão em juízo ordinário de matéria tratada pelo juízo de execução, por meio de exceções sem efeito suspensivo. O processo ordinário pode ter início paralelamente ao processo de execução ou após o término deste.

---

4 CASTILLO, Santiago Pérez del. El futuro del proceso laboral en América Latina. *Revista de Direito do Trabalho*, ano 27, n. 101, São Paulo: Revista dos Tribunais, jan./mar. 2001, p. 173-181.

5 LUCON, Paulo Henrique dos Santos. *Eficácia das decisões e execução provisória*, p. 68.

Em matéria trabalhista, a partir de 1945 foram instalados os *Tribunales del Trabajo*, primeiro na capital federal e paulatinamente em cada uma das províncias. Como cada província pode organizar seu próprio tribunal com seus respectivos códigos e leis processuais, há diversidade de "modelos" de tribunais do trabalho provinciais, e todos integram o Poder Judicial na qualidade de organismos judiciais[6].

4. Alemanha

A estrutura jurisdicional alemã é dividida em justiça ordinária (civil e penal), justiça especial (do trabalho), justiça administrativa, justiça social e financeira. Os meios de impugnação das decisões são: a) *apelação* das sentenças definitivas de primeira instância, e em casos determinados dirigida diretamente ao tribunal superior; b) *reclamação*, meio defensivo em face das ordenações, que correspondem às decisões que não apreciam o mérito; c) *revisão*, destinada a impugnar as decisões definitivas dos tribunais superiores regionais e dirigida à Corte Suprema Federal. A execução provisória na Alemanha é prevista no Código de Processo Civil alemão — *Zivilprozessordnung* — ZPO nos §§ 708 a 710, hipóteses em que pode ser iniciada de ofício, ou nos §§ 534 e 560, a requerimento da parte[7].

A lei federal que regula a Justiça do Trabalho alemã é de 3 de setembro de 1953 e tem estatura idêntica à do Código de Processo Civil alemão — ZPO, que a complementa em suas omissões. O processo trabalhista preza pela oralidade, a audiência é aberta com a tentativa de conciliação pelo tribunal, a defesa do reclamado pode ser oral e existe empenho do presidente da audiência para que toda instrução e deliberações se encerrem em uma única sessão. É permitido às partes postular por si mesmas, ou mediante representação por advogados, sindicatos ou associações. Em matéria de execução, o processo civil é aplicado ao processo trabalhista de forma complementar e subsidiária, sendo notável que nesse país o processo executivo não tem a mesma importância, porque a "vasta maioria dos processos nunca chega ao estágio da execução", razão pela qual o processo de conhecimento recebe maiores atenções[8].

No que tange à execução provisória da sentença trabalhista, é expressamente permitida no § 62 da ArbGG (*Arbeitsgerichtsgesetz* — Lei que regula a jurisdição e o procedimento trabalhista). Do mesmo modo que o legislador brasileiro, há preocupação com prejuízos que possam ser irreparáveis ao réu, mas nem por isso se deixa de privilegiar a eficácia das decisões. A alienação de bens é permitida, com ou sem a prestação de caução, conforme os §§ 720 e 708 do ZPO. Em casos de anulação ou reforma da sentença, o réu pode pedir o ressarcimento de danos sofridos[9].

---

6 CASTILLO, Santiago Pérez del. *Op. cit.*, p. 183.

7 LUCON, Paulo Henrique dos Santos. *Eficácia das decisões e execução provisória*, p. 82.

8 ADAMOVICH, Eduardo Henrique von. *A tutela de urgência no processo do trabalho*: uma visão histórico-comparativa. Rio de Janeiro: Renovar, 2000. p. 119.

9 *Idem*.

5. França

Nas décadas de 80 e 90, o sistema processual francês passou por profunda reforma, em especial no que se refere aos meios executivos, por meio das leis de 1º de janeiro de 1993, 9 de julho de 1991 e 31 de julho de 1992. No que tange à execução provisória, os arts. 514 a 526 do *Code de Procédure Civile* regulam-na e permitem que o juiz de primeiro grau a declare de ofício ou a requerimento das partes, dependendo da natureza da causa, não obstante o efeito suspensivo da apelação. Para as hipóteses de alimentos, de procedimentos de urgência no curso da demanda, nas que estabelecem medidas conservativas de direito ou nas que deferem indenizações, a parte ré não tem como suspender a execução provisória, salvo quando em suas alegações comprovar as conseqüências danosas excessivas, como é o caso de comprometimento do funcionamento de uma empresa. A caução também é prevista nas situações em que o juiz entender que possa acarretar riscos ao réu[10].

O direito francês contempla medidas de urgência no processo civil que são aplicáveis ao processo trabalhista, cujo órgão de solução dos conflitos individuais é o chamado *Conseil de Prudhommes* — parte da jurisdição especializada. De caráter provisório e urgente, permitem ao juiz a adoção de meios para preservar o estado de coisas ou assegurar o proveito futuro da prestação jurisdicional (arts. 484, 486, 488 a 492 do CPC francês). Entre elas se encontra a medida antecipatória da execução, que, na verdade, é uma forma de execução provisória. As decisões trabalhistas possuem eficácia executiva imediata quando se tratar de pagamento de quantias a título de remuneração e indenização até o limite de nove meses de salários, calculados sobre a média dos três últimos meses. A partir desse valor, a exeqüibilidade adia-se até o fim do prazo para apelação, garantida, todavia, a execução provisória[11].

6. Espanha

No sistema espanhol, depois da reforma de 6 de agosto 1984, que alterou a *Ley de Enjuiciamiento Civil* — LEC, a execução provisória era uma exceção, porque a regra era pela condição suspensiva dos efeitos das sentenças. Todavia, mediante caução idônea, era possível execução provisória a partir das decisões de primeiro grau sujeita a apelação. Nos casos de sentença que determinasse pagamento de quantia em dinheiro ou em situações dos alimentos provisionais e naquelas hipóteses de prejuízo irreparável ao demandante, permitia-se a execução provisória. As sentenças proferidas no rito sumário eram provisoriamente executadas, com exceção para os casos relacionados ao estado de pessoas, como paternidade, filiação, divórcio, capacidade, por exemplo. A peculiaridade era que, nos casos de condenação pecuniária líquida, o autor da ação tinha direito à execução provisória — art. 385, I, da LEC[12].

---

10 LUCON, Paulo Henrique dos Santos. *Eficácia das decisões e execução provisória*, p. 104.
11 ADAMOVICH, Eduardo Henrique von. *Op. cit.*, p. 132.
12 LUCON, Paulo Henrique dos Santos. *Op. cit.*, p. 98.

Mais recentemente, em 7 de janeiro de 2000, a LEC passou por significativas reformas, que entraram em vigor em 8 de janeiro de 2001. Um verdadeiro código, com 827 artigos, tratou de incorporar a efetivação das decisões judiciais por meio de tratamento renovado à execução provisória nos arts. 524 a 537. A regra passou a ser a executividade imediata das sentenças condenatórias, mantendo-se, todavia, as exceções para as ações sobre estado de pessoa, para as condenações de emissão de declaração de vontade, de declaração de nulidade ou caducidade de títulos de propriedade industrial e sentenças estrangeiras não transitadas em julgado, salvo por disposição expressa em tratados internacionais em vigor na Espanha. A execução provisória requer iniciativa da parte, que a qualquer tempo pode pleitear tanto perante o juiz de primeira instância ou o tribunal e se processa do mesmo modo que a execução definitiva. É possível seu processamento sem a garantia de caução, mas o executado pode opor-se por meio de recurso a fim de demonstrar em suas alegações os danos que pode vir a sofrer. Tanto o executado quanto o exeqüente podem caucionar a execução para fins de paralisá-la ou movimentá-la, conforme a hipótese. Em caso de reforma, é garantida ao executado a restituição do bem ou indenização de valores correspondentes[13].

O procedimento laboral da Espanha de 1990 é considerado de natureza processual civil e especial porque impera o princípio da unicidade da jurisdição, razão pela qual não existe justiça especializada, como acontece no Brasil. Na realidade, os tribunais ordinários dividem-se e especializam-se em seções que cuidam de matéria trabalhista. Quanto aos princípios norteadores, nominalmente se assemelham aos do ordenamento brasileiro ao privilegiar a imediação, a oralidade, a concentração, a celeridade, a igualdade e a gratuidade. Há destaque para o sistema recursal, que, em homenagem aos princípios da imediação e da celeridade, não admite recursos ordinários ou de apelação, porque descaracterizaria o procedimento laboral, de modo que, como garantia de reexame, são cabíveis recursos meramente devolutivos e extraordinários de suplicação e de cassação[14].

7. Itália

É notória a influência do ordenamento jurídico italiano sobre o brasileiro, em especial no sistema processual civil, merecendo de *Alfredo Buzaid*, na Exposição de Motivos do Código de Processo Civil de 1973, várias referências, denotando o forte traço "chiovendiano" do processo civil brasileiro.

Marcante período para o processo civil italiano, tal como o brasileiro, foi a década de 90, quando, por meio da Lei n. 353, de 26 de novembro de 1990, o *Códice di Procedura Civile* passou por diversas reformas com o objetivo de "realizar

---

13 RIBEIRO, Leonardo Ferres da Silva. *Op. cit.*, p. 72.
14 ADAMOVICH, Eduardo Henrique von. *Op. cit.*, p. 108.

tempestivamente a justiça"[15]. Dentre as mudanças empreendidas com essa meta, situa-se a execução provisória, cujo texto entrou em vigor a partir de 1º de janeiro de 1993, passando a ser o seguinte: art. 282: "La sentenza di primo grado è provvisoriamente esecutiva tra le parti." Por expresso permissivo legal, as sentenças de primeiro grau são automaticamente executivas, com a total ausência do efeito suspensivo ao recurso de apelação, nos termos do art. 337. O art. 283 permite, todavia, a suspensão dos efeitos da sentença, desde que o réu apresente "fundados motivos" que convençam o juiz da gravidade das conseqüências da execução imediata da decisão. Em caso de provimento do meio impugnativo e conseqüente reforma ou desconstituição do julgado, a parte vencida é condenada a ressarcir os danos ao antes executado, tendo este as garantias legais do retorno ao *status quo ante*. Considerada avançada em comparação com outros países europeus, a execução provisória na Itália em nada difere da definitiva, permitindo-se a expropriação de bens, independentemente de caução[16].

Para o processo trabalhista, a Itália tem significativo destaque, pois pioneira na edição de norma processual de que se tem notícia, conforme *Salvatore Satta* e *Carmine Punzi*, que afirmam ser de 15 de junho de 1893 a Lei n. 295, que instituiu os *collegi di probiviri* para a indústria, com a função de conciliar e julgar litígios entre patrões e empregados[17].

Tal como no Brasil, o processo do trabalho italiano, Lei n. 533, de 14 de julho de 1973, é silente em diversos institutos, entre eles medidas de urgência e cautelares, socorrendo-se do processo civil de forma complementar e subsidiária.

O art. 431 do CPC italiano autoriza a execução provisória das sentenças condenatórias trabalhistas, sejam elas contra o empregador ou favoráveis a ele, o que antes da reforma de 1993 não era possível, visto que apenas o empregado poderia iniciar a execução provisória em face de seu empregador. O mesmo artigo prevê a suspensão total ou parcial da execução em favor do empregado nos casos de gravíssimo dano, mas somente após a penhora. Na hipótese de execução em favor do empregador, também poderá ser paralisada, desde que fundamentada em graves motivos[18].

8. Portugal

O processo civil de Portugal, desde a década de 90, especialmente a partir de 1995, vem recebendo diversas alterações visando à maior efetividade, preocupação sentida no continente, a exemplo da Itália e Espanha. No que se refere à execução,

---

15 Edoardo Ricci, *apud* LUCON, Paulo Henrique dos Santos. *Eficácia das decisões e execução provisória*, p. 126.
16 LUCON, Paulo Henrique dos Santos. *Eficácia das decisões e execução provisória*, p. 126.
17 Salvatore Satta e Carmine Punzi, *apud* ADAMOVICH, Eduardo Henrique von. *Op. cit.*, p. 79.
18 Proto Pisani, *apud* LUCON, Paulo Henrique dos Santos. *Eficácia das decisões e execução provisória*, p. 126.

os últimos Decretos-leis, n. 38, de 8 de março de 2003, e n. 199, de 10 de setembro de 2003, merecem destaque, porque cuidam da execução provisória, em manifesto avanço em prol da executividade imediata das sentenças, quando o recurso interposto for recebido no efeito meramente devolutivo, transformando a execução provisória em regra e não mais em exceção. A apelação recebe apenas efeito suspensivo nos casos de ações que cuidam do estado de pessoas, validade ou subsistência de contratos de arrendamento para habitação e posse ou propriedade da casa de habitação do réu, conforme os arts. 678 e 692 do CPC português. A previsão de caução está expressa nos arts. 692.3, 693, 697 e 818 para as duas partes, vencedor e vencido. Na hipótese em que o executado pretender paralisar a execução que possa vir a causar-lhe prejuízo ou requerer o efeito suspensivo à apelação, deverá prestar caução. Do mesmo modo, se o exeqüente prosseguir com a execução e pretender o recebimento de valores, deverá prestar caução, podendo o juiz valer-se de perito para calcular o montante da caução se for preciso[19].

Em Portugal existem o Código de Trabalho e o Código de Processo do Trabalho, Decreto-lei de 9 de novembro, n. 480/99, com as últimas alterações de 17 de dezembro de 2001, Decreto-lei n. 323 e a mais recente, Decreto-lei n. 38/2003, de 8 de março. Ao cuidar do processo executivo, as mudanças introduzidas "visam vencer os constrangimentos de que, em geral, esse processo enferma e, portanto, torná-lo mais célere e eficaz"[20].

O Código de Processo do Trabalho de Portugal prevê expressamente em seu art. 1º, item 2, que nos casos omissos se recorre sucessivamente: a) à legislação processual comum, civil ou penal, que diretamente os previna; b) à regulamentação dos casos análogos previstos no Código; c) à regulamentação dos casos análogos previstos na legislação processual comum, civil ou penal; d) aos princípios gerais do direito processual do trabalho; e) aos princípios gerais do direito processual comum. E no item 3 estabelece que as normas subsidiárias não se aplicam quando forem incompatíveis com a índole do processo regulado neste Código.

Diante das reformas no processo civil, o legislador português viu-se na necessidade de adaptações, o que chamou de "desarmonias com a nova legislação processual civil, em que nem sempre se torna fácil estabelecer a distinção entre a subsidiariedade da sua aplicação ou a especialidade do direito processual do trabalho", de modo a introduzir no processo trabalhista previsões de "compatibilização com as novas realidades"[21].

Peculiar comando normativo diz respeito ao poder-dever do juiz português de condenar *extra* e *ultra petitum*, expressamente previsto no art. 74º, que assim dispõe:

---

19 RIBEIRO, Leonardo Ferres da Silva. *Op. cit.*, p. 84-85.

20 Exposição de Motivos do "Sumário do Código de Processo do Trabalho" no endereço eletrônico oficial da Procuradoria-Geral Distrital de Lisboa, disponível em: <www.pgdlisboa.pt> Acesso em: 15 ago. 2007.

21 *Vide* rodapé anterior.

O juiz deve condenar em quantidade superior ao pedido ou em objecto diverso dele quando isso resulte da aplicação à matéria provada, ou aos factos de que possa servir-se, nos termos do artigo 514.º do Código de Processo Civil, de preceitos inderrogáveis de leis ou instrumentos de regulamentação colectiva de trabalho.

Traço que sem dúvida confere amplos poderes ao magistrado trabalhista, e que, no ordenamento brasileiro, é, por sua vez, expressamente proibido no art. 460 do CPC.

Ao cuidar do processo executivo, o Código de Processo português dedicou o Título V (arts. 88 a 98), conforme se baseie em decisão judicial de condenação em quantia certa ou noutro título, utilizando-se subsidiariamente do processo civil. O ambiente preparado para a execução provisória vem expresso no art. 83 quando cuida do efeito dos recursos ao declarar que a apelação tem efeito meramente devolutivo. Contudo, o apelante poderá obter o efeito suspensivo se, no requerimento de interposição de recurso, pleitear a prestação de caução da importância em que foi condenado por meio de depósito efetivo na Caixa Geral de Depósitos, ou por meio de fiança bancária. No item 2 do mesmo dispositivo, estabelece que o juiz fixará prazo, não excedente a dez dias, para a prestação de caução; se esta não for prestada no prazo fixado, a sentença poderá ser desde logo executada. O incidente de prestação de caução é processado nos próprios autos.

CONCLUSÕES

Nas etapas da realização deste trabalho, várias foram as conclusões parciais e específicas que merecem destaque, além daquela que se constitui no objetivo final do estudo. A opção por iniciá-lo com a breve retrospectiva histórica dos temas abordados revelou-se acertada porque, ao longo da pesquisa, ficou evidente a importância de recorrer às origens dos institutos e seus contornos históricos, como meio de contribuir para sua evolução e coibir qualquer resgate que possa ser prejudicial ao sistema.

Situar o percurso da edificação da Justiça do Trabalho no Brasil e o momento em que esse órgão passou a executar suas próprias decisões foi tarefa necessária para fortalecer o espírito da proposta reformadora que ao final se oferece com humildade.

Saber sobre as origens e o tratamento dado à execução em legislações antigas, como o Código de Hamurabi, o Código de Manu — *anava harma astras* — e a Lei das XII Tábuas, foi determinante para a compreensão do salto de qualidade que atualmente é possível constatar.

O Código de Processo Civil de 1973 concedeu ares de modernidade ao processo de conhecimento. Quanto ao processo de execução, o Código reconheceu a desigualdade entre exeqüente e executado, colocando o primeiro em posição de preeminência e o segundo em estado de sujeição. A nítida vantagem jurídica do exeqüente sobre o executado foi essencial e determinante para o fim buscado nesta pesquisa.

Os últimos quinze anos foram marcantes para o processo civil, devido às reformas que visaram a adequar o instrumento aos valores do Estado Social, Democrático e de Direito com a luta incessante pela igualdade real de direitos e garantias.

A função conciliadora da Justiça do Trabalho, os princípios e regras peculiares e norteadores do processo laboral, como a ampla liberdade de direção do processo oferecida ao juiz; a celeridade processual; a possibilidade de reclamação verbal; a citação por via de registro postal; a concentração em uma única audiência; a outorga do *jus postulandi* às próprias partes e o poder normativo aos tribunais em conflitos coletivos, entre outras, deixam claro a postura diferenciada desse ramo.

No que tange à execução das sentenças, o Decreto n. 1.237/39 é a gênese do regramento processual trabalhista e também de seu pioneirismo ao privilegiar a atuação do juiz, que, de ofício, pode dar início à fase executiva. O instrumento de citação do devedor trabalhista contendo a decisão exeqüenda; o prazo de 48 horas para pagamento ou garantia de execução, sob pena de penhora; o prazo de cinco dias para o executado apresentar defesa restrita às alegações de cumprimento da decisão, quitação ou prescrição da dívida ressaltaram a obediência à celeridade pretendida para relações que envolviam créditos de natureza alimentar.

O legislador da época, ciente de que o regramento da execução não seria suficiente para os trâmites e incidentes do processo trabalhista diante da incompletude do sistema, permitiu a aplicação dos preceitos que regulavam o processo de executivos fiscais para cobrança da dívida ativa da Fazenda Pública, quando compatíveis. A equiparação dos créditos trabalhistas às mesmas exigências dos créditos fiscais robusteceu o compromisso para com a celeridade das causas desse ramo.

Os valores como celeridade e privilégio do crédito trabalhista ressaltados nas medidas acima devem ser encarados como verdadeiras vigas mestras do processo do trabalho que jamais podem ser negligenciados sob pena de abalo na estrutura do instrumento trabalhista.

A limitação de normas para o processo de execução na CLT e a abertura do sistema a leis estranhas às relações de trabalho, logo no início da Justiça especializada, causaram desconforto e gerou discussões sobre os efeitos causados à execução pela incidência de três fontes legais (CLT, Lei de Executivos Fiscais e CPC), o que levou a um atrofiamento em relação ao processo de conhecimento.

Foi preciso reconhecer que a ampla liberdade na direção do processo, conferida aos juízes e tribunais trabalhistas por meio do art. 765 da CLT, prestigiou o ativismo judicial, o que transforma o magistrado, especialmente na fase de execução, em algo mais do que intérprete da norma ou autômato, alçando-o ao posto de sujeito criativo e pacificador das relações sociais.

Feito o passeio histórico, a lembrança de conceitos fundamentais como processo, tutela jurisdicional, execução, sanção executiva e meios executórios serviu para preparar o terreno para a visão instrumental que se deve ter do processo trabalhista, máxime em sua fase de execução.

A visão moderna do processo como meio legítimo de solução de conflitos, de procedimentos em contraditório em harmoniosa coordenação e conjugação visando a um provimento final que possa servir ao direito material em sua plenitude, reclama aproximação da realidade do mundo em que está inserido.

Essa aproximação, que merece o olhar teleológico do intérprete e do operador do direito, é essencial para a satisfação dos *propósitos norteadores ou dos escopos processuais*. Fez-se, então, uma sucinta análise da visão instrumental e dos escopos sociais, jurídicos e políticos do processo de autoria do notável *Cândido Rangel Dinamarco* e o transporte desse raciocínio para o processo do trabalho.

Chegamos, então, à realidade da Justiça do Trabalho, também justiça do trabalhador, do desempregado, do cidadão que invariavelmente experimenta o caráter jurisdicional do Estado pela primeira vez por meio da sede trabalhista, mostrando que não há outro ramo do direito em que se manifeste de forma tão robusta a necessidade de pensar no processo como instrumento além do puramente jurídico.

A busca de uma execução trabalhista que satisfaça não só o escopo jurídico, mas também o social e o político do processo, passa pela constatação da figura do Estado-Juiz como o principal agente responsável pela consecução dos escopos processuais. Afinal, uma vez provocado, cabe ao magistrado trabalhista pacificar o litígio mediante atividades idôneas, eficazes e céleres.

A certeza solidificou-se quanto ao sentimento de transmissor de valores sociais e políticos que deve estar presente em todos os atos do Estado-Juiz. Este necessita, também, estar consciente do alcance e da repercussão que cada decisão pode gerar. Alcance além da relação jurídica material e processual de trabalho ou de emprego, pois atingirá a família dos envolvidos, o meio ambiente de trabalho e, por fim, todo o meio social em que estão inseridos.

A execução trabalhista possui como único resultado possível a satisfação do credor. Para tanto, urge que o processo chegue ao desfecho de modo efetivo e célere, como forma de cumprir o compromisso perante a sociedade que assim anseia. Daí a necessidade urgente de fórmulas que possam simplificar o processo, sem ferir as garantias constitucionais do devido processo legal e do contraditório, entre outras não menos importantes.

É válido dizer, pela posição dos direitos sociais na Constituição Federal de 1988, que os direitos trabalhistas integram a base de sustentação da sociedade brasileira, e por essa razão não devem ser tratados como promessas, mas como válvulas de segurança e de garantia de coerência do sistema jurídico. A carga axiológica atribuída pelo legislador constituinte não deixa dúvidas acerca da importância do trabalho como extensão da personalidade humana, em constante expansão como tema de reflexão no que tange a sua tutela.

Firmado o convencimento de que a dignidade do trabalhador será alcançada quando os direitos garantidos tiverem tratamento processual célere e efetivo se comprovadamente violados, sob pena de um dos pilares do Estado Democrático de Direito restar comprometido.

Diante dos comandos autorizadores no processo do trabalho da aplicação subsidiária de normas compatíveis de outros diplomas legais, por meio das regras expostas nos arts. 8º, 789 e 889 da CLT, achamos por bem analisar os fundamentos, propósitos e ideologias das leis comumente aplicadas.

Por conta disso, não nos furtamos a comentar as leis que regram os Juizados Especiais e o Código de Defesa do Consumidor porque se tratam de diplomas que podem servir ao processo do trabalho, auxiliando o intérprete, pois que sustentados por semelhantes pilares.

Não obstante a existência de outros diplomas que podem servir à execução, a expressa previsão da CLT evidencia que é a Lei de Executivos Fiscais a fonte subsidiária principal, seguida do CPC, à execução trabalhista.

Concordamos com a assertiva de que o critério adotado pela CLT, de privilegiar a Lei de Executivos Fiscais para a fase de execução, em detrimento do processo civil, não se harmoniza com os escopos processuais, porque é o processo civil que vem passando por reformas sucessivas visando à celeridade e efetividade do sistema. O processo do trabalho, por sua vez, vem aos poucos perdendo o posto de vanguardista e audacioso, porque se mantém vagaroso nas reformas, contrariando o dinamismo que cerca as relações de trabalho.

O legislador constituinte, atento aos anseios por um Judiciário mais justo e que faça valer suas sentenças de forma efetiva e célere, incluiu no art. 5º da Constituição o inciso LXXVIII, por meio da Emenda Constitucional n. 45/2004, norma que assegura razoável duração do processo e os meios que garantam a celeridade de sua tramitação.

Entendemos que os destinatários diretos do art. 5º, LXXVIII, da Constituição são todos aqueles que operam o direito, em especial os sujeitos da relação processual e toda a sociedade.

Na verdade, concluímos que a tarefa de conciliar razoabilidade com celeridade, na prática, não se apresenta de modo fácil. Atender ao comando constitucional igualmente se mostra complexo quando se trata de país de extensão continental, com realidades culturais e econômicas que variam conforme a região — Norte, Sul, Centro-Oeste, Sudeste e Nordeste —, cada uma abrigando regiões judiciárias trabalhistas distintas. Desse modo, torna-se impossível equacionar a questão do tempo de modo isonômico sem levar em consideração as peculiaridades sócio-econômicas-políticas de cada Estado e seus reflexos no Judiciário especializado.

Julgamos que a multiplicidade de elementos externos ao processo, como a alta litigiosidade, o complexo estrutural do Poder Judiciário, a economia local, a saúde financeira das empresas reclamadas, a conduta das partes, dos procuradores, dos órgãos do Judiciário na condição de prestadores ativos de serviços, interfere na questão do tempo no processo trabalhista.

Mas, como a proposta deste estudo é sugerir a melhoria da execução trabalhista, buscamos apresentar a execução provisória como meio eficaz à consecução dos escopos processuais, lançando ao intérprete, para tanto, a confiança na aplicação da norma que mais se adapte à relação substancial que lhe é apresentada, tendo como ponto de partida e de chegada o comando da Constituição que garante a todos a duração razoável do processo e os meios que garantam sua celeridade.

Desse modo, acreditamos que a nova sistemática da execução provisória, de acordo com a Lei n. 11.232/2005, corresponde aos meios céleres propostos pelo legislador constituinte.

Antes de apresentarmos nossa contribuição, achamos por bem relembrar temas correlatos à execução provisória, como a eficácia das decisões trabalhistas e a regra do efeito devolutivo no processo do trabalho, que confirmaram a assertiva de que essa técnica encontra na seara trabalhista ambiente profícuo para sua prática em razão do disposto no art. 899 da CLT.

Digno de realce, portanto, é o papel fundamental da execução provisória para a efetividade das decisões trabalhistas. Como forma de antecipar os efeitos da decisão de forma completa e não apenas preparatória, certamente pode servir de meio inibitório do vencido não-convencido que abusa de seu direito de recorrer e age com o manifesto propósito de procrastinar o feito, tanto quanto possível.

Na certeza de que virá a sentir os efeitos da decisão trabalhista por meio de atos executórios, mesmo diante da incerteza da imutabilidade da mesma decisão, o reclamado–executado, no uso da boa razão e do discernimento jurídico, julgará se existe justificativa para sua resistência em se conformar com a decisão judicial.

Logo, optar pela execução provisória como meio de dar efetividade ao processo trabalhista é transformá-la em "instrumento de realização de justiça", inibindo manobras dilatórias e reforçando a credibilidade dos órgãos jurisdicionais, porque se percebe que é essa justamente a razão de ser da execução provisória no ordenamento jurídico. E nisso acreditamos.

Por todo o exposto, entendemos que a natureza jurídica da execução provisória, com a ressalva de que provisório é o título no qual se funda a execução, é executiva e satisfativa e decorre necessariamente da lei. Executiva, porque inserida na tutela estatal, que admite atos de coerção e invasão do patrimônio do devedor, e satisfativa, porque antecipa os efeitos de uma decisão ainda suscetível de pronunciamento ulterior.

Mas, para que a execução provisória possa ser, efetivamente, o instrumento de justiça em que acreditamos, é necessário que haja uma mudança no texto do art. 899 da CLT no que diz respeito à expressão "até a penhora". Daí nossa proposta de modificação no art. 899 da CLT, que passaria a ter a seguinte redação: *Os recursos serão interpostos por simples petição e terão efeito meramente devolutivo, salvo as exceções previstas neste Título, permitida a execução **da decisão provisória nos termos da lei**.*

Ao eliminar a expressão "até a penhora" e acrescentar "da decisão provisória nos termos da lei", ousamos sugerir que a execução provisória se processe do modo como regulamentada pela Lei n. 11.232/2005, que acrescentou o art. 475-O ao CPC, e que se faça do mesmo modo que a definitiva, naquilo que couber.

Estancar-se-ia, com isso, a proliferação de decisões equivocadas que limitam a execução provisória até a garantia do juízo, ou que entendem que não se devem processar e julgar os meios defensivos da execução, como os embargos à execução, à penhora ou o agravo de petição.

Outra sugestão, que julgamos ser de realização mais rápida, por não depender do Poder Legislativo, mas sim do TST, é o cancelamento ou revisão da Súmula n. 417 do TST, no que tange a seu item III. Diante do art. 475-O do CPC, não há mais lugar para a manutenção da distinção de tratamento no que tange à penhora de dinheiro na execução definitiva e na provisória, a ensejar entendimentos díspares nos itens I a III da súmula em comento.

A expressa permissão de liberação de valores na execução provisória estampada no inciso III do art. 475-O, com ou sem dispensa de caução, conforme a satisfação dos requisitos da norma, impõe, conseqüentemente, a revisão necessária e urgente da legislação e da jurisprudência, para que na fase de execução trabalhista se possibilite penhorar valores do executado, da mesma forma que se faz na execução definitiva.

Esperamos que, imbuídos do mesmo ideal de realização da justiça, todos os intérpretes e operadores do direito material e processual do trabalho firmem compromisso pelo respeito ao comando constitucional da duração razoável do processo e da utilização de meios idôneos que garantam sua celeridade.

Neste ponto, a execução da decisão provisória apresenta-se como medida legal e apta a atingir o resultado prático que a lei, em dado momento, visa a assegurar. É a demonstração da força e imperatividade das decisões, como arma contra recursos protelatórios, mas não sem dispositivos de segurança prontos para serem acionados em caso de reversibilidade e prejuízos ao executado.

As experiências de países vizinhos como Uruguai e Argentina revelam que a sistemática da execução provisória no ordenamento brasileiro é mais avançada, em especial por não prever a rediscussão da matéria tratada na execução por outro juízo paralelo. Todavia, em comum, temos a proteção do devedor por meio da prestação de caução em caso de dano.

Quanto aos países europeus, destaque para Alemanha, França e Itália, que permitem a execução provisória de ofício, Espanha e Portugal também demonstram, com as últimas reformas empreendidas no sistema, preocupação com a executividade das sentenças, abandonando a postura anterior, que concebia a execução provisória como exceção. A regra comum a todos os sistemas é o ressarcimento de danos ao executado em caso de prejuízo, o que, não obstante, enfraquece a prática ou desvaloriza a eficácia das decisões.

Quanto à execução provisória especificamente aplicada ao processo do trabalho nos países citados na pesquisa internacional, Portugal recebe especial atenção. Sua postura merece observação pelos legisladores brasileiros, porque, cientes da desarmonia entre a legislação processual civil e a trabalhista, os portugueses se esmeram em compatibilizar o processo laboral com a nova realidade.

Acreditamos, por fim, que, se cada um fizer a parte que lhe cabe perante a sociedade e na relação processual, com a responsabilidade e a prontidão de agir sob os domínios da ética, da moral e da legalidade, os escopos jurídicos, políticos e sociais do processo trabalhista serão alcançados. É o que se espera dos Poderes Legislativo e Judiciário. É o que se espera rumo à efetividade do processo. Coragem, Prudência e Esperança!

REFERÊNCIAS BIBLIOGRÁFICAS

ADAMOVICH, Eduardo Henrique von. *A tutela de urgência no processo do trabalho*: uma visão histórico-comparativa. Rio de Janeiro: Renovar, 2000.

ALBUQUERQUE, Francisca Rita Alencar. *A Justiça do Trabalho na ordem judiciária brasileira*. São Paulo: LTr, 1993.

ALMEIDA, Ísis de. *Manual de direito processual do trabalho*. 10. ed. São Paulo: LTr, 2002. v. 2.

ASSIS, Araken de. *Manual de execução*. São Paulo: Revista dos Tribunais, 2007.

AZEVEDO, Álvaro Villaça. *Teoria geral das obrigações*. 5. ed. São Paulo: Revista dos Tribunais, 1994.

BARIONI, Rodrigo. *Efeito devolutivo da apelação civil*. São Paulo: Revista dos Tribunais, 2007.

BATALHA, Wilson de Souza Campos. *Tratado de direito judiciário do trabalho*. 3. ed. São Paulo: LTr, 1995. v. 1.

BEDAQUE, José Roberto dos Santos. *Direito e processo*: influência do direito material sobre o processo. São Paulo: Malheiros, 2006.

_____. *Efetividade do processo e técnica processual*. São Paulo: Malheiros, 2006.

BÍBLIA DE JERUSALÉM. São Paulo: Paulus Editora, 2004.

BOBBIO, Norberto. *Teoria do ordenamento jurídico*. 10. ed. Brasília: Editora Universidade de Brasília, 1997.

BONFIM, B. Calheiros & SANTOS, Silvério dos. *Dicionário de decisões trabalhistas*. 24. ed. São Paulo: Edições Trabalhistas, 1994.

BORGES, Leonardo Dias & MENEZES, Cláudio Armando Couce de. *O moderno processo do trabalho*. São Paulo: LTr, 1997.

BOTTINI, Pierpaolo. A Justiça do Trabalho e a reforma do Judiciário. In: CHAVES, Luciano Athayde (Org.). *Direito processual do trabalho*: reforma e efetividade. São Paulo: LTr, 2007.

BRASIL. Código de Processo Civil. Exposição de Motivos. São Paulo: Saraiva, 2007.

_____. Consolidação das Leis do Trabalho. Exposição de Motivos. São Paulo: LTr, 2007.

BUENO, Cássio Scarpinella. *Dinâmica do efeito suspensivo e da execução provisória*: conserto para a efetividade do processo. Tese de doutorado defendida na PUC-SP em 1998.

_____. *A nova etapa da reforma do Código de Processo Civil*: comentários sistemáticos às Leis n. 11.187, de 19.10.2005, e 11.232, de 22.12.2005. São Paulo: Saraiva, 2006. v. 1.

_____. *Execução provisória e antecipação de tutela*. São Paulo: Saraiva, 1999.

CABANELLAS, Guillermo. *Compendio de derecho laboral*. 4. ed. Buenos Aires: Heliasta, 2001. t. 2.

CANTALAMESSA, Raniero (Pe.), ofmcap. *Comentários sobre a liturgia do domingo 22.07.2007*. Disponível em: <www.cancaonova.com> Acesso em: 23 jul. 2007.

CARNEIRO, Athos Gusmão. Cumprimento da sentença conforme a Lei 11.232/2005. In: WAMBIER, Teresa Arruda Alvim (Coord.). *Aspectos polêmicos da nova execução de títulos judiciais*: Lei 11.232/2005. São Paulo: Revista dos Tribunais, 2006.

CARREIRA ALVIM, J. E. Execução de sentenças penal, arbitral e estrangeira (art. 475-N, parágrafo único, do CPC) — processo de execução ou execução sincretizada (cumprimento). In: WAMBIER, Teresa Arruda Alvim (Coord.). *Aspectos polêmicos da nova execução de títulos judiciais*: Lei 11.232/2005. São Paulo: Revista dos Tribunais, 2006.

CARRION, Valentin. *Comentários à Consolidação das Leis do Trabalho*. 24. ed. São Paulo: Saraiva, 2003.

CASALDÁLIGA, Pedro. Mensagem para a AMATRA XXIII. In: CESÁRIO, João Humberto (Coord.). *Justiça do Trabalho e dignidade da pessoa humana*. São Paulo: LTr, 2007.

CASTELO, Jorge Pinheiro. *O direito material e o processual e a pós-modernidade*. São Paulo: LTr, 2003.

CASTILLO, Santiago Pérez del. El futuro del proceso laboral en América Latina. *Revista de Direito do Trabalho*, ano 27, n. 101, São Paulo: Revista dos Tribunais, jan.-mar. 2001.

CHAVES, Luciano Athayde. *A recente reforma no processo comum*: reflexos no direito judiciário do trabalho. 2. ed. São Paulo: LTr, 2006.

_____. As lacunas no direito processual do trabalho. In: *Direito processual do trabalho*: reforma e efetividade. São Paulo: LTr, 2007.

CHIOVENDA, Giuseppe. *Instituições de direito processual civil*. Trad. Paolo Capitanio. Campinas: Bookseller, 1998. v. 1.

CINTRA, Antônio Carlos de Araújo; GRINOVER, Ada Pellegrini; DINAMARCO, Cândido Rangel. *Teoria geral do processo*. 20. ed. São Paulo: Malheiros, 2004.

COQUEIJO COSTA, Carlos. *Direito processual do trabalho*. Rio de Janeiro: Forense, 1984.

CORDEIRO, Wolney de Macedo. Da releitura do método de aplicação subsidiária das normas de direito processual comum ao processo do trabalho. In: CHAVES, Luciano Athayde (Org.). *Direito processual do trabalho*: reforma e efetividade. São Paulo: LTr, 2007.

DINAMARCO, Cândido Rangel. *Execução civil*. São Paulo: Malheiros, 2002.

_____. *A reforma da reforma*. 6. ed. São Paulo: Malheiros, 2003.

_____. *A instrumentalidade do processo*. 12. ed. São Paulo: Malheiros, 2005.

_____. *Instituições de direito processual civil*. São Paulo: Malheiros, 2005. v. 4.

_____. *A nova era do processo civil*. 2. ed. São Paulo: Malheiros, 2007.

DINIZ, Maria Helena. *As lacunas no direito*. São Paulo: Saraiva, 2002.

_____. *Conceito de norma jurídica como problema de essência*. 2. ed. São Paulo: Saraiva, 1996.

ECO, Humberto. *Como se faz uma tese*. 3. ed. São Paulo: Editora Perspectiva, 1986.

FERRARI, Irany; NASCIMENTO, Amauri Mascaro; MARTINS FILHO, Ives Gandra da Silva. *História do trabalho, do direito do trabalho e da Justiça do Trabalho*: homenagem a Armando Casimiro Costa. São Paulo: LTr, 1998.

FERREIRA, Waldemar. *Pareceres proferidos na Comissão de Constituição e Justiça da Câmara dos Deputados*. Rio de Janeiro, 1937.

_____. *Princípios de legislação social e direito judiciário do trabalho*. São Paulo: São Paulo Editora, 1938.

FERREIRA, William Santos. *Aspectos polêmicos e práticos da nova reforma processual civil*. Rio de Janeiro: Forense, 2002.

FRANCO FILHO, Georgenor de Sousa. Reengenharia do processo: produtividade e celeridade. *Revista do Tribunal Regional do Trabalho da 8ª Região*, v. 39, n. 76, jan.-jun. 2006.

GIGLIO, Wagner. Dificuldades crescentes da execução trabalhista. In: DALLEGRAVE NETO, José Affonso; FREITAS, Ney José (Coords.). *Execução trabalhista*; estudos em homenagem ao Ministro João Oreste Dalazen. São Paulo: LTr, 2002.

_____. *Direito processual do trabalho*. 25. ed. São Paulo: Saraiva, 2005.

GOMES, Orlando & GOTTSCHALK, Elson. *Curso de direito do trabalho*. Rio de Janeiro: Forense, 2003.

HERTEL, Daniel Roberto. *Técnica processual e tutela jurisdicional*. Porto Alegre: Sérgio Antônio Fabris Editor, 2006.

HOFFMAN, Paulo. *O direito à razoável duração do processo civil*. Dissertação de mestrado em Direito. São Paulo: PUC-SP, 2004.

JORGE, Flávio Cheim et al. *A terceira etapa da reforma processual civil*. São Paulo: Saraiva, 2006.

LAMARCA, Antônio. *Curso expositivo de direito do trabalho*. São Paulo: Revista dos Tribunais, 1972.

LARENZ, Karl. *Metodologia da ciência do direito*. Lisboa: Caloustre Gulbenkian, 2005.

LEITE, Carlos Henrique Bezerra. *Curso de direito processual do trabalho*. 4. ed. São Paulo: LTr, 2006.

LEITE, Eduardo de Oliveira. *A monografia jurídica*. 4. ed. São Paulo: Revista dos Tribunais, 2000.

LIEBMAN, Enrico Tullio. *Processo de execução*. São Paulo: Saraiva & Cia., 1946.

_____. *Eficácia e autoridade da sentença*. Rio de Janeiro: Forense, 1984.

_____. *Manual de direito processual civil*. Trad. e notas Cândido Rangel Dinamarco. 3. ed. São Paulo: Malheiros, 2005. v. 1.

LUCON, Paulo Henrique dos Santos. *Eficácia das decisões e execução provisória*. São Paulo: Revista dos Tribunais, 2000.

_____. Novas tendências na estrutura fundamental do processo civil. *Revista do Advogado de São Paulo,* ano 26, n. 88, nov. 2006.

MAIOR, Jorge Luiz Souto. Reflexos das alterações do Código de Processo Civil no processo do trabalho. *Revista LTr,* v. 70, n. 8, ago. 2006.

MANUS, Pedro Paulo Teixeira. *Execução de sentença no processo do trabalho*. São Paulo: Atlas, 2005.

MARINONI, Luiz Guilherme & ARENHART, Sérgio Cruz. *Curso de processo civil*: execução. São Paulo: Revista dos Tribunais, 2007. v. 3.

MARQUES, José Frederico. *Instituições de direito processual civil*. Campinas: Millenium, 1999. v. 5.

MARTINS, Melchíades Rodrigues. Vício de citação. *Revista de Direito do Trabalho,* ano 27, São Paulo: Revista dos Tribunais, jan.-mar. 2001, n. 101.

MARTINS, Sergio Pinto. *Direito processual do trabalho*. 25. ed. São Paulo: Atlas, 2006.

MEIRELLES, Hely Lopes. *Mandado de segurança, ação popular, ação pública, mandado de injunção, "habeas data"*. 13. ed. São Paulo: Revista dos Tribunais, 1989.

MENEZES, Cláudio Armando Couce de. Os princípios da execução trabalhista e a satisfação do crédito laboral. *RDT,* n. 2, fev. 2003.

MEZZAROBA, Orides & MONTEIRO, Cláudia Servilha. *Manual de metodologia da pesquisa no direito*. 3. ed. São Paulo: Saraiva, 2006.

MICHAELIS: moderno dicionário da língua portuguesa. São Paulo: Companhia Melhoramentos, 1998.

MIRANDA, Francisco Cavalcante Pontes de. *Tratado das ações*. 1. ed. São Paulo: Revista dos Tribunais, 1970-1976. 6v.

MONIZ DE ARAGÃO, Egas. Efetividade no processo de execução. In: *O processo de execução*: estudos em homenagem ao Prof. Alcides de Mendonça Lima. Porto Alegre: Fabris, 1995.

_____. Novas tendências da execução provisória. *Revista de Processo,* ano 23, n. 90, abr./jun. 1998.

MONTORO, André Franco. *Introdução à ciência do direito*. São Paulo: Revista dos Tribunais, 2000.

MOREIRA, José Carlos Barbosa. O processo, as partes e a sociedade. In: *Temas de direito processual* — oitava série. São Paulo: Saraiva, 2004.

_____. O futuro da Justiça: alguns mitos. In: *Temas de direito processual;* oitava série. São Paulo: Saraiva, 2004.

NASCIMENTO, Amauri Mascaro. *Teoria geral do direito do trabalho*. São Paulo: LTr, 1998.

_____. *Curso de direito processual do trabalho*. São Paulo: Saraiva, 2005.

_____. Hibridismo das regras da execução. In: DALLEGRAVE NETO, José Affonso; FREITAS, Ney José (Coords.). *Execução trabalhista*: estudos em homenagem ao Ministro João Oreste Dalazen. São Paulo: LTr, 2002.

NERY JÚNIOR, Nelson. *Princípios fundamentais*: teoria geral dos recursos. 5. ed. São Paulo: Revista dos Tribunais, 2000.

NUNES, Luiz Antônio Rizzatto. *Manual da monografia jurídica*. São Paulo: Saraiva, 1997.

OLIVEIRA, Francisco Antônio. A nova reforma processual — reflexos sobre o processo do trabalho — Leis n. 11.232/2005 e 11.280/2006. *Revista LTr*, v. 70, n. 12, dez. 2006.

OLIVEIRA, Roberto da Silva. *A garantia da duração razoável do processo e a celeridade processual penal*. Tese de doutorado em Direito. São Paulo: PUCSP, 2006.

PINTO, Cristiano Paixão Araújo. *Coletânea de jurisprudência trabalhista*. Porto Alegre: Síntese, 1996.

RDT: biblioteca trabalhista em CD-ROM. Atualizado até jun. 2006. São Paulo: Consulex, [s. d.].

RIBEIRO, Leonardo Ferres da Silva. *Execução provisória no processo civil*. São Paulo: Método, 2006 (Col. Prof. Arruda Alvim).

RODRIGUES PINTO, José Augusto. *Execução trabalhista*. 11. ed. São Paulo: LTr, 2006.

ROMITA, Arion Sayão. Prestação de serviços por trabalhadores autônomos: relação de trabalho ou relação de consumo? *Revista LTr*, v. 70, n. 8, ago. 2006.

SAAD, Eduardo Gabriel. *Direito processual do trabalho*. 4. ed. rev., atual. e ampl. por José Eduardo Saad e Ana Maria Saad Castelo Branco. São Paulo: LTr, 2004.

SANTOS, Moacyr Amaral. *Primeiras linhas de direito processual civil*. São Paulo: Saraiva, 2003. v. 3.

SARLET, Ingo Wolfgang. *A eficácia dos direitos fundamentais*. 5. ed. Porto Alegre: Editora dos Advogados, 2005.

SHIMURA, Sérgio Seiji. *Nova reforma processual civil*. São Paulo: Método, 2002.

SILVA, José Afonso da. *Curso de direito constitucional positivo*. 5. ed. São Paulo: Revista dos Tribunais, 1989.

SILVA, Ovídio Araújo Baptista da. *Jurisdição e execução na tradição romano-canônica*. 2. ed. rev. São Paulo: Revista dos Tribunais, 1997.

SILVA, Valdir Félix da. Estudos sobre a lógica do razoável de Luis Recaséns Siches na obra *Nueva filosofía de la interpretación del derecho*. México: Editorial Porrúa. Inédito.

SÜSSEKIND, Arnaldo. O cinqüentenário da Justiça do Trabalho. *Revista do TST*, São Paulo: LTr, 1991.

TEIXEIRA, Sálvio de Figueiredo. *Tempo e processo*. São Paulo: Revista dos Tribunais, 1997.

TEIXEIRA FILHO, Manoel Antonio. *Sistemas dos recursos trabalhistas*. 10. ed. São Paulo: LTr, 2003.

_____. *Execução no processo do trabalho*. 8. ed. São Paulo: LTr, 2004.

THEODORO JÚNIOR, Humberto. *Curso de direito processual civil*. Rio de Janeiro: Forense, 2006. vol. 1.

_____. *Lei de Execução Fiscal:* comentários e jurisprudência. 10. ed. São Paulo: Saraiva, 2007.

TUCCI, José Rogério Cruz e. *Tempo e processo*. São Paulo: Revista dos Tribunais, 1997.

URIARTE, Oscar Ermida. *A flexibilidade*. São Paulo: LTr, 2002.

WAMBIER, Teresa Arruda Alvim. Efetividade da execução. In: DALLEGRAVE NETO, José Affonso; FREITAS, Ney José (Coords.). *Execução trabalhista*: estudos em homenagem ao Ministro João Oreste Dalazen. São Paulo: LTr, 2002.

WATANABE, Kazuo. *Da cognição no processo civil*. São Paulo: Revista dos Tribunais, 1987.

ZAVASCKI, Teori Albino. *Processo de execução* — parte geral. São Paulo: Revista dos Tribunais, 2004.